La Sérénité intérieure

Collection dirigée par Lidia Breda

Du même auteur
dans la même collection

Comment tirer profit de ses ennemis (n° 103)
Comment écouter (n° 150)

Plutarque

La Sérénité intérieure

Traduit du grec, préfacé et annoté
par Pierre Maréchaux

Rivages poche
Petite Bibliothèque

Couverture : Francesco Botticini,
l'Assomption, (détail)

106, bd Saint-Germain – 75006 Paris

ISBN : 2-7436-0775-0
ISSN : 1158-5609

Préface

Vers la forteresse intérieure : Plutarque et le programme stoïcien.

En quoi résidait, au temps de Plutarque, c'est-à-dire au Ier siècle de notre ère, l'activité d'un philosophe ? C'était un homme philosophiquement reclus dans sa vie intérieure et dans son comportement, et qui affichait une singulière conviction. Mais cette solitude n'a jamais totalement satisfait Plutarque. Il désira participer indirectement au pouvoir en guidant de hauts fonctionnaires dont il fut le directeur spirituel. La question centrale qui visait tant la morale personnelle que l'exercice du pouvoir restait celle de la richesse. L'opulence faisait-elle bon ménage avec la philosophie ? Plutarque trouvait délectable qu'on pût cultiver richesse et méditation et il mettait un point d'honneur à les justifier dialectiquement. Cet art du consensus était sous-tendu par une morale de la sincérité qui visait à la simplification du moi. À quoi bon le partage des consciences, la schizophrénie cynique et la prétendue adéquation de l'indigence et de la pensée ? À ce titre il ne fut jamais un maximaliste, sauf lorsqu'il s'agissait du suicide. Conseillant les grands de son temps, il stigmatisait la morgue des gouvernants et il cultivait la figure paradoxale d'une « mollesse énergique ». C'est que la philosophie allait avec lui toujours en premier. Les convictions politiques s'y devaient plier, ce qui faisait de lui un anti-Cicéron. Pour ce dernier, en effet, la philosophie était la résultante de la *praxis* politique, elle corroborait une activité empirique ; pour l'autre, la politique n'était qu'une application comme une autre d'un système immuable, rétif aux complaisances et aux manœuvres. Sans exercer lui-même le pouvoir, Plutarque créa ce qu'on pourrait appeler des « fictions politiques ». Et sa philosophie fut comme une réponse à ces imaginations. Tout dirigeant connaît un jour la revanche de l'Histoire, l'amertume des revirements, l'âpreté des trahisons, la déception des échecs. Il lui faut donc intérieurement s'armer contre tous les périls : il ne s'agit pas nécessairement de s'abîmer dans la retraite, mais d'expérimenter progressivement l'apprentissage d'une sécurité mentale qui nous prépare au pire. Seule la philosophie sait mettre entre nous et l'adversité une borne suffisante pour nous permettre de ne pas présager de l'avenir dans la crainte et dans l'apraxie.

Les *Œuvres morales* de Plutarque sont l'aboutissement formel des lectures et des méditations que le philosophe n'a cessé de faire tout au long de sa vie. Mais, au lieu de servir la cause d'une idée générique, elles obéissent au principe de la diversité. Pourtant, il ne faut pas croire qu'elles forment un kaléidoscope de reflets épars ; les thèmes abordés reviennent au fil des mois et des années, enrichis par l'expérience du destinataire. Il faut pourtant dire que nous avons bien peu d'éléments sur la vie de Plutarque et que les seuls traits de biographie qui nous restent sont ceux qu'il a bien voulu « distiller » dans son œuvre. Quel était le but de Plutarque ? Répondre à de nobles correspondants pour les aider à surmonter une crise morale, à résoudre un conflit familial, à juguler un dilemme politique. Aussi faut-il comprendre la *Sérénité intérieure*, le *Péri Euthymias*, comme une véritable propédeutique stoïcienne, le but de Plutarque ayant été ici d'entraîner son ami Paccius à des exercices spirituels dont l'exigence s'accroissait au fil de la dissertation.

Qui était Paccius ? Un ami de longue date ? une relation politique ? Nous ne savons en fait que ce que le texte veut bien nous en dire. D'abord, qu'il sollicita le philosophe afin qu'il écrivît un court traité sur la sérénité de l'âme. Ensuite, qu'il lui réclama une exégèse du *Timée* de Platon, seulement pour quelques passages. Plutarque l'écrira mais le *De animae procratione in Timaeo* sera dédié aux fils de

Plutarque, car Paccius mourra dans l'intervalle. Peu importe ; si Paccius constitue moins une référence que le Lucilius des *Lettres* de Sénèque, nous devons reconnaître qu'il est l'emblème de tous ces correspondants presque anonymes qui occupent l'en-tête des traités et entretiens de Plutarque. Ils incarnent, quel que soit leur âge, l'interlocuteur idéal, le sectateur privilégié, prêt à s'amender, à réformer ses mœurs et à se déprendre de soi-même, selon la formule stoïcienne consacrée. Face à cet autre moi, sorte de miroir vivant de la confidence philosophique et du programme de vie, Plutarque ne déclame jamais. Il a pris les leçons de Socrate ; et même si l'interlocuteur, toujours en retrait, ponctue de sa présence, réduite à un « cher Paccius », le flot discontinu de la démonstration, il est sans cesse pris à partie, jamais oublié dans l'abstraction. C'est ce qui rend la prose de Plutarque si vivace. De fait, son éloquence, délivrée de toute intention civique ou ostentatoire, est comme dépouillée de la théâtralisation qu'implique une foule. Elle prend racine dans une intériorité en quête de sagesse ; et elle s'adresse, dans l'amitié et l'ouverture du cœur, à une autre intériorité fraternelle. Prenons des exemples : lorsque l'adversité nous touche, nous ne pensons qu'au mal qui nous échoit, nous ruminons notre malheur, nous vivons dans une constante obsession. Mais, dit Plutarque en substance, il nous reste toutes sortes de biens ; nous devrions nous consoler à la vue de ce qui ne nous a pas été ôté ; pourtant nous avons les yeux rivés sur notre infortune. Cette attitude de repliement, sorte de sclérose têtue, appelle l'image des enfants : « Nous faisons comme les marmousets, écrit Plutarque. Quel que soit le nombre de leurs jouets, à supposer qu'on leur en ait pris un seul, voilà qu'ils jettent tous ceux qui leur restent, ils trépignent, ils se lamentent » (469D). Pour rendre sa démonstration à la portée de son lectorat, Plutarque insère dans son texte des comparaisons familières. Nous avons tous vu des enfants aveuglés par la nuée passagère du chagrin. Cette anecdote ne rabaisse pas le propos philosophique, elle lui donne en quelque manière la carnation de l'existence ; elle est un regain de persuasion. Ces considérations appliquées à la rhétorique induisent à penser que Plutarque vise toujours le *genus humile*, c'est-à-dire le genre bas de la conversation privée, et que sa démarche progressive suppose une tension de l'orateur, ainsi qu'une attention à l'autre, pour le comprendre, le reprendre et l'aider. La philosophie de la *Sérénité intérieure* s'incarne dans le vécu psychologique de deux âmes qui cheminent et progressent de concert.

Existe-t-il une méthode dans ce livre labyrinthique, deleuzien avant la lettre, car marqué par tous les signes de la transversalité ?

Plutarque part de la pratique, du pragmatisme quotidien, pour mieux remonter vers la doctrine. Quoi de plus probant en pédagogie que de pointer le doigt sur la difficulté même rencontrée par l'élève ? Plutarque a toujours l'intuition de cette difficulté. Il la relève et, fidèle à un principe persuasif, il distribue des conseils de perfectionnement. Mais n'oublions pas que cette mise en situation du stoïcisme serait incomplète si son auteur ne mêlait à ses leçons les préceptes de la secte. Zénon, Cléanthe ou Chrysippe transmis par Panétius et Posidonius viennent donner à grand renfort de *decreta* et de *praecepta* un ton plus solennel aux avertissements de l'amitié. Il s'agit donc d'un cours de philosophie appliqué à des questions quotidiennes. Et les traités proprement moraux de Plutarque (*De la vertu morale, Du contrôle de la colère, De la sérénité intérieure*) mêlent la théorie et les exemples familiers. Cette théorie suit le principe de la conversion, de la *protreptique* : il s'agit pour le maître de désinstaller l'interlocuteur de son confort moral et de l'amener à mieux « ordonner son intelligence ». À la lettre, l'enseignement du philosophe a pour finalité de lui faire acquérir un moi rationnel capable de dominer l'illusion des perceptions et les fausses chatoyances du monde.

Comment résumer en quelques mots le contenu de la *Sérénité intérieure* ? Il faudrait pour ce faire, esquisser un abrégé du stoïcisme, car toutes les questions qui relèvent de la contention morale y affleurent. Contentons-nous de rappeler les principaux points de doctrine exposés dans ce traité.

La première cause du malheur des hommes est l'éloignement de la Nature. *Sequi naturam* : toutes les philosophies de l'Antiquité nous ont habitués à cette maxime. Et c'est parce qu'ils vivent loin de la Nature que les hommes sont quasiment des malades mentaux ; la médecine stoïcienne est là pour leur rendre la raison et leur faire recouvrer le bonheur perdu. Cette félicité est toujours le fruit de l'ascèse : s'entraîner en grec se dit *ascésai*. C'est dans l'exercice mesuré et progressif que l'esprit s'exalte et que s'élève la figure du sage. À la lettre, le stoïcisme est une philosophie de l'autotransfiguration.

Ce changement se double d'une espèce d'émulation qui fait du stoïcien un champion de haute moralité. Il ne s'agit pas seulement de vouloir faire correspondre l'intérêt général avec le sentiment particulier, mais d'exercer à la sublimité une âme consciente de sa différence. Au départ, cette âme est tournée vers la victoire sociale : il faut vaincre les plaisirs, triompher des fausses gloires, cultiver la moralité. Ces impératifs sont les premiers degrés d'une échelle qui mène à la sécurité intérieure.

On a toujours en tête l'image du philosophe stoïcien qui se rit des tortures du bourreau et reste ferme : il n'est jamais question, quand on l'évoque, de savoir s'il va livrer quelque secret d'État ou trahir ses camarades ; la seule attitude qui sied à la philosophie crucifiée, c'est une *ataraxie*, une absence de trouble, qui est la seule marque visible du mépris des souffrances. Et au milieu du danger, face au fer rougi ou aux pointes qui garnissent le chevalet, le sage stoïcien n'a qu'une obsession : mettre, entre lui et le monde, un rempart et se persuader de sa sécurité.

Mais en quoi consiste cette sécurité ? Est-elle seulement une idée fixe qui occulte les tenailles du bourreau et sèche faussement les larmes du deuil ? La sécurité stoïcienne est fondée sur la Nature. Cette Nature qui a rendu viables les espèces animales a donné à l'homme un statut supérieur, celui d'animal raisonnable, ce qui lui vaut pour privilège le même bonheur qui est imparti aux dieux. Car, en nous faisant naître, la Nature ne nous a pas livrés à nous-mêmes ; elle nous a aménagé un havre où nous vivrons en sécurité. Que faire pour suivre la Nature, que faire pour écouter la raison ? Il faut par exemple s'avouer qu'il suffit, pour vivre, d'un abri sommaire, d'un peu d'eau (fournie par la Nature qui a créé des sources) et de pain. Entraînons-nous à nous convaincre de cela et nous serons pleinement heureux. La Nature a tracé sur nous en pointillé la voie de la félicité ; à nous de suivre les intermittences de ce mince sillage. Mais comment régir la dépense, le besoin de l'inutile, comment contrôler la pulsion ? Prenons l'exemple des plaisirs vénériens (les *aphrodisia*) : l'ascétisme stoïcien ne s'y arrête que fort peu et la chair qu'il évoque quelquefois n'a pas la couleur sulfureuse de la tentatrice chrétienne. Les *aphrodisia* au même titre que la faim ou la soif peuvent se gérer. Nul soupçon de moralité : tout converge vers la sécurisation qui obsède le sage. La Nature est une instance intelligente et c'est nous qui sommes stupides : elle n'est pas autre chose qu'une espèce de dieu providentiel. Chercher la providence dans les plus futiles créations naturelles est un exercice spirituel que chaque stoïcien pratique à l'envi : Marc-Aurèle regardant, dit-on, les fines craquelures d'une croûte de pain qu'il mangeait, s'aperçut que la conscience de cette surface cuite, faiblement ajourée, sorte de scorie de pâte, était comme un effet surérogatoire de plaisir. Et c'est dans ce supplément qu'il reconnaissait la Nature providentielle. Ces épiphanies naturelles étaient la preuve indiscutée qu'il fallait faire confiance à ce principe et trouver le bonheur en suivant son intérêt, en visant la sécurité et en profitant d'une ouverture stratégique ménagée par la Nature.

On commence à cerner la nature de cette félicité : elle réside dans la liberté et dans la sérénité intérieures : personne ne peut m'obliger à penser ce que je ne pense pas ; j'ai donc le pouvoir de dire oui ou non. Je peux dire non aux souffrances, aux faux biens, aux émotions ; je peux dire oui à la fatalité qui m'entraîne vers le gouffre : comme l'écrit Sénèque, « accepter volontairement les ordres du destin, c'est échapper à ce que notre esclavage a de plus pénible : devoir faire ce qu'on préférait ne pas faire ». Ainsi, comment réagir face au supplice ? En évitant la mauvaise anticipation. Dans une heure, je vais être soumis à la question, mais puisque la souffrance n'est pas encore là, elle n'a aucune existence. Aucune raison de me laisser impressionner par l'étalage des instruments du supplice. Quant à l'acte barbare lui-même, il est soumis à une alternative : si la torture est trop pénible, elle aura raison de moi, et si elle ne l'est pas assez, j'en triompherai (cf. Plotin, *Ennéades*, I, 4, 7). La mort maintenant. Si nous la craignons, c'est donc que nous sommes en vie ; et si la mort est venue, nous ne sommes plus là pour le savoir. Mais le sage pourrait regretter de ne pas avoir vécu assez longtemps : non, car il vit dans l'instant, il est comblé par le présent. Et le deuil ? Le deuil est une dramatisation de l'événement et, dans ce petit théâtre, il y a toujours de la complaisance. Pleurer sur autrui, c'est pleurer sur soi, c'est se laisser aller à une logorrhée complice : le deuil stoïcien doit fuir le discours. Si l'on ne parle pas, si l'on évite d'être influencé par la rumination du chagrin, on reste maître de l'affect. Il ne s'agit pas de se résigner, mais plutôt de mépriser, de dédaigner et de braver ces soubresauts irraisonnés de l'âme. L'affectivité n'est pas la voix de la Nature, elle trahit seulement une atonie de la raison, qui par sa faiblesse devient la porte ouverte à l'invasion des *motus animi.* Les passions n'affaiblissent jamais une raison stable, elles naissent d'une raison qui vacille. Ce n'est pas parce que nous avons des passions que nous jugeons mal et que notre cœur est en proie à la crainte ou à la haine, c'est parce que nous avons mal jugé que nous nous aveuglons. Face à ces errances, l'homme doit être son propre libérateur.

Les principaux traités de morale de Plutarque (*De la vertu morale, Du contrôle de la colère, Si le vice suffit à rendre l'homme malheureux* ou *La Sérénité intérieure*) sont destinés à illustrer la distinction entre l'indifférence intérieure et le caractère de « préférabilité », qui est seulement relatif à un état donné des choses, donc soumis à la contingence. Il faut lire sur ce point le chapitre 16 de la *Sérénité,* qui est consacré à la peur de la mort. Plutarque y sous-entend que l'amour de la vie ne saurait être un absolu, puisque tant de gens ont renoncé à vivre, pour des raisons frivoles. Instruit par ces exemples pitoyables, Paccius devra découvrir que le secret d'une vie sans angoisse consiste à mourir d'abord « en esprit », c'est-à-dire à s'attendre au pire (474C). Naturellement, le sentiment est une condition *sine qua non* de celui de la possession : « un vif désir de chaque chose inspire la peur accrue de sa disparition et rend notre joie faible et vacillante, comme une flamme que le vent rabat » (474C-D). De même que la véritable indépendance par rapport à la mort consiste dans l'acceptation de celle-ci, de même le mépris des richesses consiste dans la reconnaissance des seules valeurs véritables : le minimum que la Nature exige pour maintenir la vie. Qu'il s'agisse de la mort ou des biens matériels, le mouvement de libération est identique : il est aussi intérieur, et l'on est riche si l'on n'éprouve pas le besoin de la richesse, de la même façon que l'on vit pleinement une fois que l'on a renoncé à éprouver le besoin de vivre.

Cette conception de la mort mérite qu'on y pense plus longuement : au premier regard, elle peut être taxée d'insipidité. Si on la considère d'un point de vue eschatologique, la mort n'est rien car, une fois mort, on n'en peut rien dire... Si en revanche on l'envisage avec des yeux de chair, l'idée d'un néant privé de spiritualité est insoutenable. Et cette angoisse ne saurait être dissipée à coup d'exercices. Plutarque ne semble pas comprendre que la mort est inscrite au cœur du présent, que le présent, cette éternelle projection, accuse le *manque futur.* Le temps ne se vit pas à la minute, il se nourrit de sa propre dislocation. Les stoïciens ont toujours nié ce qui est une évidence pour la pensée moderne, car chaque minute est pour eux une nouvelle ascèse : une tentation à repousser, un dilemme à résoudre, etc. Hegel (*Phénoménologie de l'esprit,* édition Hyppolite, Aubier, 1941, I, p. 171) soulignait l'ennui d'un tel système. Si la mort n'est rien, pourquoi Plutarque s'en préoccupe-t-il tant ? Par instinct de conservation de l'espèce plus que par pitié personnelle. N'oublions pas que le suicide est un des maîtres mots de la secte : la vie se quitte comme on quitte une table garnie. Or, dans quel cas abandonne-t-on un banquet ? si un être qu'on aime a besoin de nous ; si survient un commensal grossier ; si les mets sont infects ; si l'on y meurt de faim ; si l'ivresse gâte la raison. Transposons ces images dans la sphère du suicide : on peut se supprimer soit par amour pour un proche ou pour sa patrie, soit par honnêteté personnelle lorsqu'un tyran nous oblige à agir contre notre gré, soit lorsqu'une maladie altère notre vie, soit lorsqu'on est indigent, soit lorsqu'on est fou. La vie libre, salutaire, fait partie des « préférables » : on la préfère à la mort, mais la mort n'est rien. Vivre pour vivre n'a pas de valeur. On objectera qu'il est plus souhaitable de « reposer sur un lit de roses », selon l'expression de Sénèque, que de gésir nu sur un chevalet de torture. Justement, non. Si l'on est plus « vertueux » en supportant le chevalet et si la constance dans l'épreuve est supérieure à la frivolité dans les plaisirs, la torture sera pour nous un bien. N'y a-t-il point là un idéalisme un peu trop facile ? Non. L'homme n'est pas sur cette terre pour s'immoler à un idéal, encore moins pour suivre sa pente, c'est-à-dire ses affects, il doit rechercher les préférables (la santé, la patrie, les amis, la famille, l'intégrité corporelle, l'absence de souffrance, l'absence de pauvreté) ; et en tant qu'homme il peut viser le bien-être. Mais si le sort ne lui permet pas d'être comblé dans sa recherche des préférables, il faut s'y résigner grâce à la vertu, en désirant naturellement un état meilleur. Entre le chevalet et le lit moelleux, le lit est préférable. Or qu'une circonstance de sa vie oblige le sage à se coucher sur le chevalet pour y subir l'interrogatoire, il devra le supporter vertueusement et retirer de cette contention le seul bien qui lui reste.

On peut imaginer la curiosité que les stoïciens pouvaient susciter au sein du peuple. Ils passaient pour des chevaliers de la tempérance, de l'impavidité ; ils disaient leurs vérités aux tyrans, tels des trublions pourfendant les mauvais régimes. Ils se promenaient volontiers dans les rues en affichant des airs mâles qui faisaient dire à certains épigrammatistes malicieux qu'ils surcompensaient une féminité mal refoulée (outre sa passion des femmes, Sénèque à ce sujet avait plus qu'un faible pour les hommes faits et pour les athlètes)... De fait, la foule les attendait dans les occasions où ils devaient donner les preuves de leur impassibilité. On lira avec amusement une anecdote racontée par Aulu-Gelle dans les *Nuits attiques* (XIX, 1), qui met aux prises, au cours d'une traversée mouvementée, un stoïcien sourcilleux et autoritaire, et un Grec de Turquie, homme de plaisir et de mollesse. Le philosophe tremble de peur sans mot dire tandis que le Grec reste souriant au plus fort de la tempête. Une fois à quai, l'homme de Turquie tance un peu ce raide penseur ; on peut imaginer sa réponse, dans l'esprit de la secte : chaque homme est sensible à la douleur, fait incontestable. Chaque homme est également en proie aux affects, désirs, craintes, opinions ; or la douleur grossie par l'obsession de la souffrance ne fait qu'empirer la situation. Il faut autant que possible se réserver pour la douleur et ne pas user ses forces contre les chimères dont on l'entoure. Il n'empêche que le corps supplicié du philosophe tremble, qu'il se crispe, que perle sa sueur. Que peut la raison contre la surprise des sens ? Rien sans doute. Mais si la raison y est préparée, si elle *sait*, elle est victorieuse. Toute la difficulté consiste à sentir la montée de l'affect et à le dissoudre promptement dans le jugement.

La Sérénité intérieure développe et résume à la fois tout le programme stoïcien dont elle esquisse les lignes de conduite. La tranquillité de l'âme est en nous, nous l'avons compris ; mais pour qu'elle y demeure ancrée, nous devons composer avec le malheur : il faut d'abord acquérir cette faculté de convertir en un bien le mal qui nous accable : « Il en est (ainsi) pour les hommes sensés : comme les abeilles tirent leur miel de l'herbe la plus âcre et la plus sèche, qui est le thym, de même des événements les plus épineux ils savent souvent tirer quelque avantage personnel » (467C). De fait, on ôtera à la fortune son caractère de force incontrôlée, à la façon de ce quidam qui, voulant viser d'une pierre sa chienne pour la faire partir, atteignit en pleine tête sa belle-mère et s'écria : « Après tout, ce n'est pas un mal ! » (467C). Il faut également se soutenir dans les événements malheureux en se rappelant les jours prospères. Malheureusement, ce qui tue l'homme c'est sa rumination perpétuelle du malheur : « Pourquoi, te dirai-je aussi, n'es-tu occupé qu'à considérer le mal qui t'arrive ? C'est là un moyen de le mettre en lumière, de le raviver. Pourquoi ne tournes-tu pas tes pensées sur les biens dont tu as la jouissance ? Comme les ventouses tirent des chairs ce qu'il y a de plus nocif, de même tu ramasses dans ton âme ce qu'il y a de plus mauvais en toi » (469A). Le vrai sectateur des stoïciens doit se libérer des chaînes de l'autocomplaisance, de ses erreurs indurées, de ses affects habituels, de son désir et de la crainte. Mais comment aller à l'encontre d'une coutume déjà bien ancrée ? En s'habituant, à force de redites, à des vérités opposées, en s'accoutumant à une correction permanente qui change les blocages en automatismes. Nous avons coutume de nous imaginer que les plus brillantes fortunes génèrent le bonheur de ceux qui les possèdent ; rien n'est plus faux. Ainsi de Pittacos, réputé pour sa sagesse et son courage, et malmené par un dragon domestique, sa femme (471A-B). Nous devons donc nous défaire de ces *a priori* si nous voulons avoir une âme sereine. Plutarque n'est pas loin du Cicéron des *Tusculanes* : il essaie moins de flatter la douleur, de la dissimuler, que de la connaître. Il débride la plaie, il regarde le mal. Car il sait qu'il ne pourra en triompher que par un courage mâtiné de compassion. Mais il est surtout très proche de Socrate : le « connais-toi toi-même » est la maxime clé de la *Sérénité intérieure* : « Il faut apprendre à se connaître soi-même, puis agir selon ses dons naturels, au lieu d'entraîner de force sa nature au désir d'imiter tantôt un genre de vie, tantôt un autre en lui faisant violence » (472B-C).

Cette vigilance de tous les instants face à la rumination des maux doit opposer au ressassement ses propres armes. La morale de Plutarque est une morale de la répétition et du mécanisme. Pourtant se pose à travers elle le problème du temps. Qu'arrivera-t-il si le myste est surpris par la mort au milieu de sa route et s'il n'est arrivé qu'à mi-chemin ? Rien, car à chaque jour suffit sa peine : la vie est une fête perpétuelle, comme le dit Plutarque (477D-E), où nous devons célébrer la plénitude de l'instant présent qui, pour le sage, quel que soit son âge, embrasse toute chose et se confond avec l'éternité. Cette attitude devant le temps n'est pas idéalisante : car les stoïciens ne sont jamais sûrs que le sage absolu ait vraiment existé. Il s'agit tout au plus d'une utopie rationnelle qui est le couronnement possible de l'exercice spirituel, mais pas son unique finalité. Comme le montrait Marx, l'histoire a besoin du temps pour accoucher ; pour Sénèque le temps va permettre au sage de se réaliser et de se fondre dans une certaine image idéale, mais si la mort le fauche, il n'en aura pas moins vécu la sagesse de tous les instants, sagesse ponctuée de crises, de refus et de triomphes. Si le sage temporel a fort peu de chances d'exister, il n'est de place que pour le sage absolu, pour le modèle des livres, qui accompagne chaque *proficiens*, chaque « progressant », sur la route de la connaissance. Dès la première leçon, dès la première phrase de la *Sérénité intérieure,* le « disciple » est mis dans un état d'attention qui ne supporte aucun manquement, aucune distraction. Les minutes sont précieuses et le temps n'est pas un fluide gratuit qu'on laisse échapper dans l'irréflexion. La vie est donc un emploi du temps réglé. Tel est le sens du paragraphe 19 : il faut chaque jour s'habituer à la pensée que la pauvreté et la mort ne sont rien, en s'imprégnant des lectures que l'on fait à leur sujet. Une minute de perdue est plus qu'une perte de temps : c'est l'édifice programmatique qui se lézarde. Si l'on décide de déambuler dans le forum ou d'aller au cabaret, ce sera par choix réfléchi et non pour peupler la vacuité du temps. La vie d'un stoïcien est une contention permanente et une observation de tous les instants. Sans rire, manger devient pour lui une petite épopée au cours de laquelle il moralise son acte. Cette constante réflexivité de l'agir est un exercice, une méditation thérapeutique. Et vivre conformément à la nature finit par encourager une existence seulement uniforme : le stoïcien aime le stable, la cohérence, le monolithisme ; il hait l'irrégularité, les failles et les lacunes. Il rêve de reconduire éternellement son action dans un monde qui n'est pourtant que mouvance infinie ; il croit à la trajectoire parfaite dans un univers où règne l'erratisme indécis. Il méprise les arts trop humains : un jour à Naples, tandis qu'il chemine le long du théâtre, Sénèque entend une foule de connaisseurs juger des mérites d'un flûtiste : il apprend qu'un concours de musique s'y déroule et s'étonne qu'une foule immense se presse à une telle manifestation pour faire mieux défection à l'école des philosophes. C'est que pour lui la musique est par excellence l'art de l'accident, du *kairos*, donc de l'irréversible... Pascal est un second Sénèque lorsqu'il écrit : « Tout le malheur des hommes vient d'une seule chose, qui est de ne savoir pas demeurer en repos dans une chambre. » L'idée qu'à vivre ainsi on mourrait d'ennui n'a pas effleuré les stoïciens.

Nous en arrivons au nœud du texte : les chapitres du traité convergent tous vers la notion d'intériorité. Nous avons montré comment le stoïcien crée entre lui et le monde un rempart qui garantit le bonheur. Pourtant le sage ne vit pas seul, et l'on peut se demander comment la socialité s'accommode de cette autonomie volontaire. La première condition du bonheur est de n'être dépendant de rien, de posséder l'*autarkeia* (la *sufficentia* des Latins), c'est-à-dire l'autosuffisance. Paccius pourrait objecter qu'un sage autosuffisant ne saurait pratiquer l'amitié car il trouverait en lui-même toutes ses ressources. Plutarque réinvente donc l'autarcie spirituelle qui n'est pas un égoïsme mais une autonomie morale.

Récapitulons : l'apprentissage du stoïcisme est voué à la tension et l'attention. Ce n'est qu'au prix de la surveillance que l'âme se transfigurera. Parvenue à cette métamorphose, elle pourra enfin accomplir les actions droites (*katorthômata*) et parvenir à la rectitude : tension, forme et rectitude sont les trois conditions de la sérénité.

La Sérénité intérieure

1

Teneur du traité. Qu'est-ce que la sérénité intérieure ? Comment se prémunir contre les passions.

Plutarque à son cher Paccius, salut.

J'ai reçu trop tard la lettre où tu m'invitais à t'écrire quelque chose sur la sérénité intérieure à propos des passages du *Timée* qui demandent une exégèse plus approfondie. C'était à peu près au même moment où notre ami commun Éros se trouva surpris par la nécessité de partir brusquement pour Rome, ayant reçu du Clarissime Fundanus[1] une de ces lettres pressantes comme notre homme sait en écrire. Le temps me manquait donc pour m'occuper, ainsi que je me le proposais, de ce que tu avais sollicité de moi. D'autre part, je ne pouvais me résoudre à laisser paraître devant toi, les mains tout à fait vides, un des nôtres qui partait d'ici. J'ai donc choisi sur la sérénité intérieure quelques-unes des réflexions que je me trouvais avoir rassemblées pour mon propre usage. Je pense que, de ton côté, tu attends ce discours non pas en lecteur qui veut y trouver les appas du beau style, mais en homme qui a besoin de profitables leçons. Je sais, et je t'en félicite, que malgré tes amitiés avec de hauts personnages, malgré ta réputation, qui n'est inférieure à celle d'aucun orateur du Forum, tu n'es pas comme le Mérops de la tragédie, et qu'on ne peut te dire, comme à ce roi :

La foule et ses vivats t'ont grisé[2] *!*

et fait oublier les affections naturelles. Tu as souvent entendu dire, et tu te le rappelles, que la goutte ne cède pas devant le brodequin sénatorial[3], qu'un riche anneau ne préserve pas des panaris, ni un diadème, des maux de tête. Comment, pour éviter les chagrins et la houle de la vie, espérera-t-on trouver un secours dans les richesses, dans la gloire, dans les suffrages de la Cour, si l'on ne sait jouir avec satisfaction de ce que l'on possède et si l'on est poursuivi par le cortège incessant des biens qu'on n'a pas ? Or, quel autre moyen d'éviter ces incertitudes, sinon d'avoir une raison habituée à dominer promptement la partie passionnelle et irrationnelle de l'âme, à en réprimer les écarts, à ne pas souffrir que cette âme perde de vue les objets présents pour s'affaisser ou s'emporter sans mesure ? De même donc que Xénophon[4] nous conseille de nous souvenir surtout des dieux et de leur rendre hommage quand on est heureux, afin que, quand nous aurons besoin d'eux, nous les implorions avec confiance à titre de protecteurs dont la bienveillance tutélaire nous est déjà acquise, de même tous les préceptes qui peuvent utilement combattre les passions doivent être étudiés par les hommes de sens avant que les passions mêmes aient éclaté. Préparé de plus longue main, le secours n'en sera que plus efficace. Car, comme les chiens hargneux s'irritent de tous les cris, et ne se contiennent qu'en entendant la voix dont ils ont l'habitude, ainsi, lorsque les passions de l'âme ont fermenté, on ne peut les calmer que difficilement ; et il faut pour cela qu'un langage ami, une voix connue, vienne en apaiser le trouble et la violence.

2

Il n'est pas indispensable de renoncer aux affaires. Cette renonciation même est souvent un obstacle à la sérénité.

Le moraliste qui prétend que, pour connaître la sérénité intérieure, il faut s'occuper le moins possible soit de ses intérêts privés, soit des intérêts publics, met tout d'abord cette sérénité à un prix fort élevé, puisqu'il veut qu'on l'achète par le désœuvrement. Il semble que chaque homme soit un invalide à qui l'on doive dire :

Dans ton lit, malheureux, reste, et n'en bouge pas[5] *!*

Mais la perte de conscience est pour le corps un mauvais remède contre l'abattement. On ne réussirait pas mieux, non plus, à guérir l'âme si, en prétendant la garantir de tout désordre et de toute affliction, on lui prêchait l'indolence, la mollesse, l'oubli de ce qui est dû aux amis, aux parents, à la patrie. Ensuite, il est faux que la sérénité soit le partage de ceux qui s'occupent le moins. Il faudrait, à ce compte, que les femmes eussent plus de tranquillité morale que les hommes, puisqu'elles sont le plus souvent affairées à leur ménage. Or, s'il est vrai que le vent du nord

Ne pénètre point de son souffle la vierge au corps tendre[6]*,*

comme dit Hésiode, il est vrai aussi que les chagrins, les troubles, les désespoirs causés par les jalousies, par les superstitions, par les rivalités, par les lubies, pénètrent au fond des gynécées plus qu'on ne saurait le dire. Laërte, qui depuis vingt ans s'était isolé, et vivait aux champs,

Une vieille suivante lui servant le manger et le boire[7]*,*

Laërte avait beau fuir sa patrie, sa famille et son trône, il cohabitait toujours avec son chagrin dans l'inaction et le découragement. Il en est d'autres que le désœuvrement même jette dans l'inquiétude ; ainsi de cet homme :

Pendant ce temps, assis près des sveltes nefs,
le divin Péléide, Achille aux pieds véloces,
rumine sa colère. À l'assemblée où l'homme
acquiert un grand renom, il ne va plus jamais,
plus jamais au combat ; il consume son cœur
à demeurer oisif, il regrette le cri de guerre et de bataille[8]

et plein de la douleur occasionnée, il s'écrie en s'indignant :

Puisque je demeure auprès de mes nefs un vain fardeau pour la terre[9].

Aussi Épicure[10] lui-même pense-t-il que, loin de rester oisifs, ceux-là doivent suivre leur pente naturelle, qui se sentent appelés par le désir de la gloire et des honneurs à jouer un rôle dans la vie politique et à se mêler des affaires publiques, car l'inaction serait un tourment et un malheur pour de tels hommes, dans la mesure où ils n'obtiendraient pas ce qu'ils désirent. Homme étrange que cet Épicure qui encourage à la vie politique non pas ceux qui y sont les plus aptes, mais ceux qui sont incapables de rester en repos ! Ce n'est pas la multitude ou le petit nombre des occupations, c'est ce qu'elles ont en soi d'honnête ou de laid, qui détermine la sérénité ou le découragement. Comme nous l'avons dit, ceux qui omettent d'accomplir de belles actions ne sont pas moins tristes et démoralisés que ceux qui accomplissent le mal.

3

On ne trouve la sérénité ni en changeant d'état, ni dans un excès de désirs.

Il en est qui ne veulent reconnaître exclusivement comme exempte de chagrin qu'une seule sorte de vie. Pour les uns, ce sera la condition des laboureurs ; pour les autres, celle des jeunes gens non mariés ; pour d'autres, celle des rois. Ménandre leur fait bien voir comme ils se trompent tous quand il dit :

Moi je croyais, Phanias, que les riches qui n'ont pas,
eux, à emprunter, ne geignent point
pendant la nuit, ne disent point : pauvre de moi !
Se retournant sans cesse, et qu'ils jouissent d'un sommeil doux et agréable[11].

Puis il continue ; et quand il a vu que les riches éprouvent les mêmes chagrins que les pauvres, il s'écrie :

La vie et le chagrin sont donc frère et sœur :
la vie de plaisir l'a pris pour acolyte ;
comme il est aux côtés de la noble vie
et qu'il vieillit auprès de la vie indigente.

Mais, de même que, dans une traversée, les pleutres qui sont sujets au mal de mer se figurent qu'ils se trouveront mieux en passant d'une chaloupe sur un brigantin, et d'un brigantin sur une trière – ils n'y gagnent rien toutefois, et transportent seulement avec eux leur bile et leur appréhension –, de même, c'est en vain que l'on change de condition : l'âme n'est pas, pour autant, débarrassée des chagrins et des troubles, je veux parler de l'inexpérience des affaires, de l'irréflexion, de l'incapacité et de l'inaptitude à jouir comme il faut des biens présents. Voilà ce qui ballotte l'esquif du riche comme celui du pauvre, ce qui rend malheureux les célibataires comme les gens mariés. Voilà pourquoi, après avoir fui la place publique, on ne sait pas supporter le repos. Voilà pourquoi, après avoir recherché l'avancement à la Cour et y être parvenu, on se sent aussitôt accablé.

Malades en proie à l'angoisse ne sont que morosité[12].

Sa femme le contrarie, il accuse son médecin, l'exiguïté de son lit lui est odieuse,

L'ami qui vient afflige, et qui ne vient pas pèse,

comme dit le poète Ion[13]. Puis, quand la maladie a été guérie et que la crase des diverses humeurs a eu lieu[14], la santé, une fois recouvrée, fait que tout lui semble délicieux et bienvenu. Hier il rejetait avec dégoût les œufs, les biscuits, le pain de gruau ; aujourd'hui il mange de bon appétit et savoure avec bonheur du pain bis accompagné d'olives ou de cresson.

4

C'est à l'intérieur de nous-mêmes que se trouve la tranquillité.

Semblables sont les revirements et les heureuses dispositions que la raison opère dans chaque type d'existence. Un jour qu'Alexandre entendit Anaxarque[15] disserter sur l'infinité des mondes, il se mit à fondre en larmes, et comme ses amis lui demandaient ce qui l'affectait : « N'ai-je pas lieu de pleurer, dit-il, quand il existe une quantité innombrable de mondes, et que je n'en ai pas encore conquis un seul ? » De son côté, Cratès, avec sa besace et sa pauvre pelisse, riait et plaisantait, faisant de sa vie une fête continuelle, alors qu'Agamemnon trouvait dans l'exercice de sa vaste royauté une source d'affliction :

Reconnais-moi, je suis l'Atride Agamemnon.
Des malheurs les plus grands
Zeus m'accable sans répit.

Au contraire, comme on vendait Diogène[16] à l'encan, il restait assis et se moquait du crieur public en refusant de se lever, bien qu'il en eût reçu l'ordre : « Si c'était du poisson que tu avais à vendre... ? » lui disait-il en plaisantant et en se gaussant. Socrate[17] dans sa prison parlait philosophie avec ses amis ; et Phaëthon, monté dans le ciel, trépignait de ce que personne ne lui livrât les chevaux et le char de son père[18].

De même que la chaussure épouse la forme du pied et non le contraire, de même les dispositions de chacun façonnent sa vie à leur image. Comme on l'a dit, ce n'est pas l'habitude qui rend la meilleure vie agréable à ceux qui l'ont choisie, c'est la sagesse qui la rend à la fois et la meilleure et la plus douce. Purifions donc la source intérieure de notre sérénité, afin que les événements qui nous viennent du dehors, comme s'ils étaient amicaux et familiers, s'accordent avec nous qui en usons de bonne grâce :

Contre les choses, est-il besoin de s'emporter ?
Elles n'en ont que faire ; mais celui qui saura en tirer un bon parti sera heureux[19].

5

Comment construire la sérénité en soi-même ?

Platon, en effet, a comparé la vie à une partie de dés[20], où il faut tâcher d'amener les points favorables et, après les avoir lancés, bien jouer ceux qui sont tombés. De ces deux actes, le jet n'est pas en notre pouvoir, mais nous pouvons accepter sagement ce que la Fortune nous a dévolu. Nous pouvons assigner une place à chaque événement de notre vie, de telle façon que cet événement nous soit le plus utile possible en ce qu'il a d'heureux, le moins affligeant en ce qu'il a de néfaste. C'est à quoi nous devons nous attacher si nous sommes raisonnables. Les gens qui ne réfléchissent pas et qui n'entendent rien à la vie sont comme le malade dont le corps ne peut supporter ni le chaud ni le froid. Le succès les enivre, l'adversité les déprime. Ils sont troublés par l'une comme par l'autre, ou plutôt ils sont troublés par eux-mêmes dans les deux situations ; et ce qu'on qualifie de bien ne les déconcerte pas moins que le reste. Théodore, surnommé l'athée, disait : « Les raisons que je présente de la main droite, mes auditeurs les reçoivent de la gauche. » De même, les gens dépourvus d'instruction prennent souvent avec gaucherie la fortune qui leur vient à droite, et ils se couvrent de confusion. Il en est autrement pour les hommes sensés : comme les abeilles tirent leur miel de l'herbe la plus âcre et la plus sèche, qui est le thym, de même des événements les plus épineux ils savent souvent tirer quelque avantage personnel.

6

Savoir tirer profit de l'adversité.

C'est donc à quoi il faut d'abord s'exercer et se livrer, à l'instar de ce quidam qui, ayant manqué sa chienne auquel il lançait une pierre, en atteignit sa belle-mère : « Même ainsi, dit-il, le coup n'est pas mauvais ! » En effet il y a moyen de donner un autre cours aux événements non désirés, qu'amène la Fortune. Diogène fut condamné à l'exil : « Même ainsi, ce n'est pas un malheur ! » Car à la suite de ce bannissement il commença à s'occuper de philosophie. À Zénon de Cittium il ne restait plus qu'un vaisseau marchand. Lorsqu'on lui eut annoncé que ce bâtiment avait été englouti dans la mer avec toute la cargaison : « Fortune, s'écria-t-il, c'est bien fait à toi de me réduire au manteau et au portique ! » Qui nous empêche d'imiter ces exemples ? Dans l'exercice d'une magistrature tu as éprouvé quelque mécompte ? Eh bien ! tu vivras désormais à la campagne, ne t'occupant que de tes affaires. Tu recherchais l'amitié d'un grand et tu as été éconduit ? Tu n'en vivras que plus à l'abri de tout danger et de tout embarras. Réciproquement, te voilà engagé dans des affaires tracassières et épineuses ?

Même un bain chaud n'assouplira pas tes
membres aussi efficacement [21],

selon le mot de Pindare, que la gloire, les distinctions et la puissance ne rendent

L'effort doux et la fatigue saine[22].

Mais la calomnie ou la haine t'ont gâté la journée et l'on t'a envoyé au diable : c'est un bon vent pour faire voile vers les Muses et du côté de l'Académie, comme s'y réfugia Platon battu par la tempête dans son amitié pour Denys[23]. C'est aussi un grand encouragement à la sérénité que le spectacle des hommes illustres aux prises avec des maux semblables. Diras-tu par exemple que ce soit un malheur de ne pas avoir d'enfants ? Regarde les rois de Rome : aucun d'eux ne laissa le trône à un de ses fils. Tu supportes péniblement l'indigence où tu te trouves ; mais à qui, parmi les Béotiens, aimerais-tu ressembler plutôt qu'à Épaminondas, et entre les Romains mieux qu'à Fabricius[24] ? « Mais mon épouse adorée m'a trompé ! » Tu n'as donc pas lu l'inscription qui se voit à Delphes :

Cette offrande est d'Agis, roi des mers et des terres.

Or, n'as-tu pas entendu dire également que Timaia, sa femme, fut séduite par Alcibiade, et qu'un fils lui étant né, elle l'appelait tout bas Alcibiade devant ses suivantes[25] ? Cela n'empêcha pas Agis d'être un des plus illustres et des plus grands hommes de la Grèce. De même l'inconduite de la fille de Stilpon n'empêcha pas ce dernier de vivre en son temps le plus gaiement du monde. Il y a mieux. Comme un certain Métroclès lui en faisait reproche, il répondit : « Est-ce ma faute ou la sienne ? » Métroclès rétorqua : « La faute lui incombe, mais le malheur est pour toi. » Stilpon repartit : « Comment l'entends-tu ? Les fautes ne sont-elles pas des faux pas ? » – « Sans doute », dit Métroclès. – « Mais pour ceux qui les font, les faux pas ne sont-ils pas aussi pour les victimes d'accidents ? » Métroclès en convint. « Mais enfin, les accidents ne sont-ils pas des malheurs personnels pour ceux qui les subissent ? » C'est ainsi que Stilpon prouva au cynique, par ce raisonnement philosophique plein de bonté, que ses reproches n'étaient qu'un vide aboiement de chien[26].

7

Rester impassible face aux travers d'autrui.

La plupart des hommes s'affligent et s'aigrissent non seulement des travers de leurs amis et de leurs proches, mais encore de ceux de leurs ennemis. Eh quoi ! Les calomnies, les colères, les haines, les méchancetés, les jalousies malveillantes sont des instances fatales pour ceux qui en sont atteints, or elles n'affligent et n'aigrissent que les insensés. J'en dirai autant de la susceptibilité entre voisins, des agacements entre personnes qui cohabitent, des infidélités commises par nos subalternes, toutes choses qui, à l'évidence, te troublent au premier chef ; et, à l'instar des médecins dont parle Sophocle,

Par un remède âcre lavant l'âcre bile[27],

je vois que tu t'irrites et t'exaspères en même temps qu'eux des passions et des maladies de ces gens-là ; ce n'est pas raisonnable. Pour traiter les affaires dont la direction t'a été confiée tu as recours aux services de gens qui manquent de simplicité et de droiture et qui ne ressemblent pas à des outils de bonne trempe, mais à des instruments le plus souvent émoussés et tordus. Vouloir les redresser, crois-moi, ce n'est pas ton rôle, et d'ailleurs ce n'est pas chose aisée. Mais si tu utilises ces gens tels qu'ils sont, à l'instar du médecin qui se sert de daviers pour les dents, d'agrafes pour les plaies, si tu fais montre de douceur et de modération, quoi qu'il doive arriver, une semblable disposition d'esprit te rendra plus heureux que ne te chagrineront l'ingratitude et la perversité des autres. Ce sont des chiens qui aboient : ils jouent leur rôle. Tu dois en être convaincu. Et tu cesseras de te ménager malgré toi une pléthore de motifs de chagrins, ruisselant, comme un terrain creux, en contrebas, dans cette bassesse morale et cette faiblesse de caractère, et de te remplir des vilenies étrangères. Tu connais la théorie de certains philosophes : ils blâment la pitié que les malheureux nous inspirent ; c'est une belle chose de soulager ses semblables, disent-ils, mais il ne faut pas partager leur souffrance et céder ainsi à notre entourage. Ils vont encore plus loin : quand nous voyons nous-mêmes que nous agissons mal et que nos dispositions morales sont mauvaises, ces philosophes ne nous permettent ni le découragement ni l'impatience. Ils veulent que sans nous affliger nous sachions guérir le mal. Dès lors juge s'il ne serait pas déraisonnable de nous laisser aller à la tristesse et à la plainte parce que ceux qui traitent avec nous et qui nous approchent ne sont pas tous vertueux et honnêtes. Vois-tu, mon cher Paccius, ce que nous mettrions en relief sans nous en apercevoir, ce que nous dévoilerions, ce serait, non pas la perversité universelle de tous ceux qui se sont trouvés sur notre chemin, mais notre propre personnalité, beaucoup plus occupée de nous-mêmes que de notre haine contre les méchants. Lorsqu'on se lance avec trop d'ardeur dans les affaires et qu'on poursuit le succès avec trop d'entraînement, ou bien, au contraire, lorsqu'on renonce à ces mêmes affaires en les maudissant, on s'habitue à suspecter les hommes en général. On les accuse, dans sa mauvaise humeur, de ses mécomptes ou de ses revers. Mais celui qui s'est habitué à recevoir tout avec un esprit de modération et de calme, se montre plein de complaisance et de facilité dans le commerce habituel de la vie.

8

Se soutenir dans les événements malheureux par le souvenir des jours prospères.

Revenons donc encore sur ce que nous disions touchant à propos des affaires. De même que dans la fièvre tout paraît amer et désagréable au goût, alors que, quand nous voyons les autres user sans répugnance des mêmes aliments, ce n'est plus au boire et au manger que nous nous en prenons, mais à nous et à la maladie, ainsi nous cesserons d'accuser les événements et de nous en plaindre, si nous reconnaissons que d'autres les acceptent sans chagrin et de bonne grâce. Ce qui peut aussi contribuer à la sérénité au milieu des revers, c'est de ne point s'obstiner à fermer les yeux sur les avantages et les agréments qui nous restent encore. Grâce à ce rapprochement, l'impression du mal se trouvera adoucie par celle du bien. Mais non. Lorsque notre vue est blessée par des couleurs trop éclatantes, nous la détournons pour la reposer sur les fleurs et sur l'herbe ; et au contraire, nous concentrons notre esprit sur des idées pénibles, nous le forçons à épiloguer incessamment sur l'énumération de nos traverses, nous employons presque la violence pour l'écarter d'images plus consolantes. Il y a lieu d'appliquer ici ce qu'on a dit agréablement de l'intrigant :

Homme jaloux, pourquoi sur les défauts des autres
Porter un œil perçant ? Occupez-vous des vôtres[28].

Pourquoi, te dirai-je aussi, n'es-tu occupé qu'à considérer le mal qui t'arrive ? C'est là un moyen de le mettre en lumière, de le raviver. Pourquoi ne tournes-tu pas tes pensées sur les biens dont tu as la jouissance ? Comme les ventouses tirent des chairs ce qu'il y a de plus nocif, de même tu ramasses dans ton âme ce qu'il y a de plus mauvais en toi. Tu ne vaux pas mieux que cet habitant de Chios qui vendait aux autres d'excellent vin en grande quantité, et qui pour son dîner allait chercher de la piquette pour la boire. Aussi un de ses domestiques, à qui l'on demandait ce que faisait son maître quand il l'avait laissé, répondit : « Il était entouré de bonnes choses, et il en cherchait de mauvaises. » C'est qu'en effet le plus souvent on saute à pieds joints sur ce que l'on possède d'excellent et de délicieux pour courir après ce qui n'est qu'affligeant et pénible. Aristippe[29] n'agissait pas de cette manière. En homme sage, il se mettait lui-même dans le plateau de la balance où était le bien, et le poids des maux en retombant l'élevait lui-même et le rendait plus léger. Ainsi, il avait perdu un fort beau terrain, et il voyait un de ses amis faire mine d'en être avec lui profondément triste et indigné : « N'as-tu pas, toi, une seule petite parcelle ; tandis qu'il me reste encore trois champs ? » L'autre en convint. « Pourquoi donc ne serait-ce pas plutôt moi à te faire sur ce point mes condoléances ? » Il y a folie, en effet, à s'affliger de ce qu'on perd et à ne pas se réjouir de ce que l'on conserve. Nous faisons comme les marmousets. Quel que soit le nombre de leurs jouets, à supposer qu'on leur en ait pris un seul, voilà qu'ils jettent tous ceux qui leur restent, ils trépignent, ils se lamentent. De même, si la Fortune nous afflige en quelque point, nous gâtons sottement, à force de plaintes et d'impatience, les avantages qui nous combleraient de bonheur.

9

Apprécier les biens que l'on possède.

Mais qu'est-ce que nous possédons ? dira quelqu'un. Je réponds : que ne possédons-nous pas ? Celui-ci a la gloire, celui-là une maison ; cet autre est marié ; cet autre a un ami sûr. Antipatros de Tarse au moment de mourir dressait le compte de tous les biens dont il avait joui. Il n'eut garde d'oublier son heureuse navigation de Cilicie à Athènes. Loin de dédaigner les biens qui nous sont communs avec plusieurs, il faut les mettre en ligne de compte et en rendre grâce. Oui, soyons heureux de vivre, de nous bien porter, de voir le soleil, de n'être ni au milieu des guerres, ni au milieu des révolutions. La terre nous offre son sein pour que nous la cultivions ; la mer, sa surface si nous voulons la traverser sans crainte. Nous sommes libres de parler, de garder le silence, de travailler, de ne rien faire. Nous goûterons mieux encore ces bonheurs, si nous supposons un instant qu'ils nous fassent défaut, si nous nous rappelons souvent à nous-mêmes combien la santé est précieuse pour un malade, la paix pour ceux qu'écrase la guerre, combien il est désirable d'acquérir de la considération et des amis dans une aussi grande ville lorsqu'on est inconnu et étranger, et, au contraire, quel regret c'est de se voir privé de tous ces avantages quand on les a réalisés. Est-ce à dire qu'un bien ne devienne important et précieux pour chacun de nous que quand il est perdu ? Est-ce à dire que tant que nous le conservons il doive ne rien valoir ? Un objet a-t-il jamais acquis une valeur en cela seul qu'il n'existait plus ? Il ne faut pas acquérir comme étant précieuses, et comme telles craindre toujours de les perdre, des choses que nous méprisons et que nous dédaignons, lorsqu'elles sont en notre pouvoir. Usons-en de manière à y trouver le plus de plaisir et de profit possible, afin que, si nous venons à les perdre, la privation nous en soit moins cruelle à subir. La plupart des hommes, disait Arcésilas, se croient obligés de porter sur les poésies, sur les peintures, sur les statues exécutées par d'autres, l'attention la plus soutenue et l'examen le plus minutieux : ils n'ont pas assez d'yeux pour les regarder. Mais leur propre vie, où il y a beaucoup de choses qui ne sont pas désagréables à voir, ils ne s'en occupent point. C'est toujours hors d'eux-mêmes que se portent leurs regards. Leur admiration n'est que pour la célébrité, que pour la fortune des autres. Ainsi les hommes friands d'adultère recherchent les femmes de leurs amis, mais ils méprisent la leur.

10

Jeter plus souvent les yeux sur les biens qui sont au-dessous de nous que sur ceux qui sont au-dessus.

C'est pourtant un excellent moyen de conserver notre tranquillité d'esprit que de faire notre examen de conscience et de considérer notre propre situation, ou, à défaut, de porter nos regards sur plus démunis que soi au lieu de se comparer, comme la plupart, aux gens qui les dépassent. J'en veux, bien vite, citer des exemples. Les prisonniers sont jaloux de ceux qui ont été libérés, et les affranchis, des hommes libres. Ceux qui ne sont pas des hommes libres portent envie aux gens riches ; les gens riches, aux satrapes ; les satrapes, aux monarques ; les monarques, enfin, aux dieux : ils voudraient presque lancer la foudre et les éclairs. Qu'en résulte-t-il ? Éprouvant toujours le besoin de ce qui est au-dessus d'eux, les mortels ne se trouvent jamais satisfaits de leur partage.

Je m'inquiète peu des trésors de Gygès, riche en or,
je ne suis pas jaloux ; je ne m'indigne point
des actions des dieux ; l'altière royauté
ne tente point mon âme. Ce sont grandeurs
par trop éloignées de mes yeux.

C'était un Thasien[30] qui parlait ainsi. Mais prenez-en un autre, un habitant de Chios, de Galatie, de Bithynie. Parmi ses concitoyens il n'est pas satisfait d'avoir obtenu une part de considération ou de crédit ; il se lamente de ne pas porter le costume des patriciens ; s'il le porte, de n'être pas encore préteur de Rome ; une fois préteur, de n'être pas consul ; une fois consul, de n'avoir pas été proclamé le premier, mais le second. Est-ce autre chose qu'amonceler des prétextes d'ingratitude envers la fortune, que de se châtier et de se punir soi-même ? Mais l'homme qui nourrit des pensées salutaires, fût-il sous le soleil qui voit des myriades d'hommes sans nombre,

Nous tous qui faisons moisson du vaste monde[31],

il ne s'inquiète pas s'il possède moins d'honneurs, moins de richesses que quelques-uns d'entre eux. À ses yeux ce n'est pas là une raison pour qu'il reste prostré dans les larmes et le désespoir. Il se dit qu'il vit mille fois plus dignement et aisément que des centaines de milliers d'autres mortels ; et bénissant son bon Génie et son sort, en sage il poursuit son chemin. À Olympie, il n'est pas permis de remporter la victoire en choisissant ses adversaires, mais dans la vie les affaires sont combinées de telle façon qu'elles nous donnent moyen de nous vanter d'être supérieurs à tant de gens et d'inspirer plutôt de l'envie que d'en porter aux autres à moins pourtant que nous ne voulions nous poser en rivaux d'un Briarée ou d'un Hercule. Quand donc tu auras bien admiré, dans la pensée qu'il t'est supérieur, ce quidam qui est transporté dans une litière, abaisse tes yeux, et regarde ses porteurs. Quand tu auras, à l'exemple de tel ou tel habitant de l'Hellespont, envié le bonheur de Xerxès qui traverse la mer sur un pont de bateaux, regarde aussi les malheureux qui, sous les coups de fouet, sont occupés à creuser l'Athos[32]. Regarde ceux à qui l'on coupait les oreilles et le nez parce que le pont a été brisé par la tempête[33], et tu pourras lire dans leur pensée qu'ils voudraient bien avoir ton existence et ta position. Socrate, entendant un de ses amis dire que la vie était chère à Athènes, que le vin de Chios lui coûtait une mine, que la pourpre y valait trois mines, que le cotyle de miel cinq drachmes, le prit par le bras et le mena au marché aux grains : « Pour une obole tu en auras un demi-setier ! la vie est bon marché à la ville. » – Puis au marché aux olives : « Pour un quart d'obole, le chenice ! la vie est bon marché à la ville. » – Puis au marché aux fripes : « Dix drachmes pièce ! la vie est bon marché à la ville. » Eh bien ! Nous de même, quand nous entendrons un autre nous dire que notre condition est bien mesquine, que c'est une indignité que nous ne soyons ni consuls, ni gouverneurs de province, nous avons le droit de rétorquer : « Notre sort est tout à fait magnifique ; notre existence est digne d'envie, puisque nous n'en sommes pas réduits à mendier, à porter des fardeaux, à faire le métier de flatteur. »

11

Considérer les peines attachées aux plus brillantes fortunes.

Cependant telle est notre folie : nous avons pris l'habitude de vivre plutôt pour les autres que pour nous-mêmes. Remplis naturellement d'envie et de dénigrement, nous nous réjouissons moins de nos propres biens que nous ne sommes chagrinés de ceux des autres. Ne te contente donc pas de regarder ce qu'il y a de si éclatant et de si vanté dans les fortunes que tu envies et que tu admires. Soulève, écarte l'espèce de tenture fleurie qui les couvre, je veux parler de l'opinion et de l'apparence, pénètre à l'intérieur, tu verras combien de misères, combien de dégoûts s'y cachent. Le célèbre Pittacos, si vanté pour sa vaillance mais non moins renommé pour sa sagesse et sa justice, traitait un jour des hôtes à sa table. Sa femme survint, et dans un accès de colère elle renversa la table. Les hôtes de Pittacos en furent consternés : « Chacun de nous, leur dit-il, a son mal, et celui qui n'a que le mien est heureux. »

Tel en place publique est estimé fort heureux....
Qu'on pénètre chez lui : c'est un triple malheur.
Sa femme y fait la loi, prescrit, toujours bataille ;
Pour cent motifs il souffre et moi rien ne me chaut[34].

Oui : des chagrins innombrables sont attachés à la richesse, à la gloire, à la royauté. Mais ils sont invisibles pour le vulgaire, parce que la fumée d'orgueil qui les recouvre empêche de les apercevoir.

Ô bienheureux Atride,
Favorisé des dieux et du destin[35] *!*

Elle est tout extérieure, cette félicité qui se compose d'armes, de chevaux, de soldats qui campent à l'entour. La voix des épreuves proteste à l'intérieur, et dément cette vaine apparence :

Zeus, fils de Cronos, m'a pris dans les rets
D'un accablant malheur[36] *!*

Et encore :

Tu es heureux, vieil homme.
Heureux qui sans danger traverse une vie anonyme et sans gloire :
Celui-là je l'envie[37].

On peut donc, par de semblables réflexions, tarir en soi-même le cours de ses imprécations contre la Fortune. C'est parce que l'on admire ce que possèdent les autres, que l'on déprécie et que l'on dénigre sa propre situation.

12

Modérer ses désirs, ne rien entreprendre au-delà de ses forces.

Un grand obstacle à la sérénité intérieure c'est de ne pas carguer comme des voiles nos impulsions à la mesure de nos capacités et de viser trop haut par nos espoirs, puis, devant l'échec, d'accuser le sort et la fortune, et non notre propre sottise. Si un homme voulait lancer des flèches avec un coutre de charrue ou chasser le lièvre en montant sur un bœuf, vous ne diriez pas : il a du malheur. Celui qui avec des filets de jonc et des seines ne parviendrait pas à prendre des cerfs n'éprouverait pas en cela les persécutions d'un Génie malveillant : il ne s'en pourrait prendre qu'à sa sottise et à sa folie, puisqu'il tenterait l'impossible. Mais la cause principale de semblables travers, c'est l'amour-propre, qui fait que l'on aime en toutes choses à être le premier, à soutenir ses prétentions, à faire main basse sur tout sans jamais se rassasier. On ne se contente pas de vouloir être à la fois riche, éloquent, robuste, bon convive, homme aimable, favori des rois, premier magistrat de la ville. Si l'on n'est pas propriétaire de chiens, de chevaux, de cailles et de coqs, qui soient les plus courageux au combat, on est au désespoir. Ce n'était pas assez pour Denys l'Ancien d'être le plus puissant des tyrans de son époque. Mais de ce qu'il ne faisait pas mieux les vers que le poète Philoxène et qu'il ne surpassait pas Platon dans la discussion, il était furieux et piqué au vif. Aussi fit-il jeter l'un aux Latomies, et envoya-t-il vendre l'autre en Égine. Alexandre ne montra pas une telle faiblesse. Comme le coureur Crisson, qui luttait avec lui pour le prix de la vitesse, semblait lui avoir laissé le prix de la victoire, il en montra une grande indignation. Admirons encore Achille, le héros du grand poète, qui, après avoir dit :

Tel que je suis, nul parmi les Achéens à la cotte de bronze ne saurait m'égaler[38]

ajoute :

Pour combattre. Au conseil, assurément,
D'autres s'y prennent mieux[39].

Mégabyse le Persan était monté dans l'atelier d'Apelle et il voulait parler peinture. Apelle lui mit le doigt sur la bouche, en disant : « Tant que tu es resté muet tu semblais être quelqu'un, à cause de tes bijoux d'or et de la pourpre dont tu es couvert ; mais à présent même ces gamins qui broient l'ocre se moquent des inepties que tu as débitées. » Certains croient que les stoïciens se moquent, non seulement lorsqu'ils les entendent dire que leur sage est prudent, juste et courageux, mais lorsque encore ils le proclament orateur, général, poète, riche, monarque. Et pourtant ils veulent avoir toutes ces qualités-là : s'ils ne les possèdent pas, ils se désolent. Or, chacun des dieux se borne à des attributs particuliers. Ils sont appelés, l'un *ényalios* (le dieu des combats), l'autre *mantéios* (celui des oracles), un troisième *kerdôos* (le dieu du trafic) ; et Aphrodite, qui n'a pas à se mêler des exploits guerriers, est renvoyée par Zeus au soin des mariages et dans les chambres nuptiales.

13

Se connaître soi-même, et ne pas forcer sa nature.

Il est en effet certaines occupations qui, loin de pouvoir se concilier, sont plutôt faites pour s'exclure mutuellement. Par exemple, l'exercice de l'éloquence et l'acquisition des connaissances ont besoin de tranquillité et de loisir[40]. Les fonctions politiques, au contraire, et les manèges de courtisans, ne peuvent se pratiquer qu'au milieu des affaires et des intrigues. « Le vin et un régime carné rendent le corps vigoureux et robuste, mais l'âme faible[41]. » Le soin de gagner de l'argent et l'attention constante à le conserver augmentent la richesse, mais l'indifférence et le mépris pour l'argent constituent un important viatique pour la philosophie. Ainsi donc toutes choses ne conviennent pas à tous. Nous devons, dociles à l'enseignement que donne l'inscription delphique, apprendre à nous connaître nous-mêmes et nous consacrer ensuite à un objet unique, à savoir celui pour lequel nous avons une aptitude naturelle. Mais gardons-nous de nous passionner tantôt pour un genre de vie, tantôt pour un autre, gardons-nous de violenter notre nature.

Sous le joug du char, le cheval,
À la charrue, le bœuf. Le long du navire c'est
le dauphin qui le plus prestement file ;
Si l'on projette de tuer un sanglier, il nous faut
un limier tenace[42].

Celui qui s'afflige et s'indigne de n'être pas à la fois *lion nourri sur les montagnes et fort de sa robustesse*[43] et chiot de Malte, dorloté dans le giron d'une veuve, celui-là a l'esprit frappé[44]. Il ne serait en rien plus sage, celui qui aurait la prétention d'être à la fois un Empédocle, ou un Platon, ou un Démocrite écrivant sur la nature du monde, sur la réalité des êtres, et de servir d'amant à une riche vieille, comme faisait Euphorion[45], de partager les débauches de table d'Alexandre, comme faisait Médéios ; celui qui s'indignerait et s'affligerait de n'être pas à la fois admiré à cause de sa richesse comme Isménias, et de sa valeur morale comme Épaminondas. Mais les coureurs eux-mêmes, parce qu'ils ne remportent pas les couronnes des lutteurs, songent-ils à se décourager ? Celles qu'ils obtiennent suffisent à leur gloire et à leur satisfaction : « Sparte t'est échue, dirige-la. » Solon dit aussi :

Contre les biens jamais n'échangeons la vertu.
Elle seule est stable. Mais les biens
Passent de l'un à l'autre, et vont de main en main.[46]

Straton le philosophe, qui s'occupait de l'étude de la nature, ayant entendu dire que Ménédème avait beaucoup plus de disciples que lui, demanda : « Qu'y a-t-il d'étonnant, s'il y en a plus qui aiment mieux se baigner que se frotter d'huile ? »[47] Aristote écrivait à Antipater : « Ce n'est pas Alexandre seul qui a le droit d'être fier parce qu'il commande un grand nombre d'hommes. Le même privilège est acquis à ceux qui ont touchant la Divinité les idées que l'on doit en avoir. »[48] Ceux qui sauront respecter ainsi leur propre condition ne seront jamais troublés par l'envie de celle de leurs voisins.

Que dirai-je encore ? Nous ne demandons pas à la vigne qu'elle porte des figues, à l'olivier qu'il se charge de raisins. Mais quand il s'agit de nous-mêmes, il faut qu'en richesse et en éloquence à la fois, en science militaire et en philosophie, en flatterie et en franchise, en économie et en dépenses, nous ayons en même temps toutes les prérogatives. Sinon, nous sommes ingrats envers nous-mêmes, nous calomnions notre propre sort, nous nous méprisons comme condamnés à une existence insuffisante et défectueuse. Allons plus loin. Ne voyons-nous pas que la nature nous rappelle elle-même à nos devoirs ? Comme elle a pourvu d'une manière différente à la nourriture des différents animaux, comme elle n'a pas voulu qu'ils vécussent tous de chair, de fruits ou de racine ; de même elle a donné divers moyens de subsister aux diverses classes d'hommes,

À l'oiseleur, au pâtre, au laboureur,
à celui que nourrit la mer[49].

Il faut choisir l'état qui nous convient, en faire l'objet exclusif de nos travaux, sans nous occuper du reste, et ne pas prouver qu'Hésiode est au-dessous de la vérité quand il dit :

Le potier en veut au potier,
Le charpentier au charpentier[50].

En effet, ce ne sont pas seulement les gens du même métier ou de même condition qui sont jaloux les uns des autres. Les savants font envie aux riches ; les riches à ceux qui ont de la notoriété ; les avocats aux sophistes. Et même, par Zeus, les comédiens applaudis sur le théâtre, les musiciens, les esclaves qui servent à la cour des rois, excitent la jalousie des hommes libres et des patriciens. Ils sont pour eux pleins d'une admiration béate et ils les félicitent, tandis qu'ils ne tirent pour eux-mêmes que chagrin et agitation démesurée.

14

Jouir du présent sans vouloir trop sonder l'avenir.

Chacun porte en soi le trésor de sa sérénité intérieure ou de son découragement. Ce n'est pas sur le seuil du palais de Zeus que sont les deux jarres renfermant le bien et le mal. Elles sont en nous-mêmes : la diversité des états d'âme le donne assez à connaître. Ceux qui ne réfléchissent point dédaignent avec insouciance les avantages qu'ils ont sous la main, tendus qu'ils sont toujours vers l'avenir dont ils se préoccupent. Les hommes sensés, au contraire, savent, par la fidélité de leur réminiscence, conserver la jouissance des biens qu'ils n'ont plus. Le présent, qui ne se laisse saisir que pendant une si courte durée de temps et qui échappe ensuite à notre jouissance, paraît aux insensés ne point être fait pour nous, ne point nous appartenir. Il me semble voir ce cordier qu'on peint dans l'Hadès laissant brouter et mâcher par un âne le jonc qu'il est en train de tresser. Cette image est celle de la plupart des hommes. Dans un oubli stupide et ingrat, ils absorbent et engloutissent leur passé, ils font disparaître toute action, tout succès, tout loisir plaisant, toute vie sociale, toute jouissance ; ils ne veulent pas que la vie ait cette unité qui tient dans l'intrication du passé et du présent. À leurs yeux la vie d'hier est autre que celle d'aujourd'hui, celle de demain ne sera pas non plus celle d'aujourd'hui. Ce sont autant d'existences séparées ; et à peine s'est-il produit quelque chose que leur oubli plonge aussitôt ce quelque chose dans le néant. Les philosophes qui dans leurs écoles nient la croissance physique et prétendent que la matière s'écoule continûment, font en théorie de chacun de nous un être sans cesse différent de soi-même. Mais ceux qui ne gardent pas dans leur mémoire le souvenir du passé ni ne le rappellent, mais le laissent insensiblement s'évanouir, se rendent chaque jour en réalité démunis et vides, suspendus au lendemain, puisque l'an dernier, l'avant-veille et la veille ne les concernent pas et ne leur ont pas appartenu.

15-17

Penser aux vicissitudes de la condition humaine.

C'est là une occasion de trouble pour la sérénité de l'esprit. Mais il en est une plus fâcheuse encore. Comme on voit les mouches qui glissent sur les endroits polis des miroirs tandis que leurs pattes adhèrent parfaitement sur les aspérités et sur les rayures, de même souvent on passe sur ce qui est heureux et propice pour s'attacher au souvenir de ce qui a été désagréable. Ou plutôt, de même qu'à Olynthe les scarabées engagés une fois dans une certaine cavité qu'on nomme cantharolèthre[51] sont incapables de s'en extraire, et que sans cesse tourbillonnant et roulant sur eux-mêmes ils finissent par y mourir ; de même ces pessimistes, concentrés dans le souvenir de leurs maux, ne veulent pas remonter de ce gouffre pour reprendre haleine. Or il faudrait que, comme pour les couleurs d'une peinture, on ne présentât à l'esprit que des spectacles pleins d'éclat et de brillance. Celles qui font grise mine doivent être dissimulées et refoulées, puisqu'il n'est pas possible de les effacer entièrement et de les faire disparaître. « L'harmonie du monde, ainsi que celle d'une lyre ou d'un arc, se compose de dissonances. » Il en est ainsi des choses de ce monde : rien n'y est pur et sans mélange. Comme en musique il y a des tons graves et des tons aigus, en grammaire des voyelles et des muettes, et que le musicien et le grammairien, se gardant bien de rejeter tels ou tels tons, telles ou telles lettres, savent s'en servir et les combiner pour leur art ; de même, dans ce monde où tout est plein de contradictions, où, comme dit Euripide,

Biens et maux ne pouvant marcher séparément,
Quand ils sont combinés tout va parfaitement[52],

il ne faut pas se décourager des revers ni renoncer à la lutte. Nous devons, comme font les musiciens, harmoniser toujours les notes les plus basses avec les plus hautes et envelopper les mauvaises choses dans les bonnes pour faire de la vie un concert harmonieux, qui nous satisfasse. Car il n'est pas vrai que, comme l'a dit Ménandre,

Chacun soit en naissant assisté d'un Génie
Qui lui sert de soutien, de guide dans la vie[53].

Ce qui est bien plutôt vrai, c'est ce qu'avance Empédocle – à savoir, que tout homme, dès qu'il vient au monde, est saisi et maîtrisé par une destinée double, un double Génie.

Là se trouvaient Chtoniè et la perçante Héliope[54],
Déris[55] *la sanguinaire et sérieuse Harmonie,*
Et Beauté et Laideur, et Vitesse et Lenteur,
Certitude adorable et noire Obscurité[56].

16

Si bien que chacun de ces Génies ayant à notre naissance déposé en nous les germes mêlés de toutes les passions, il en résulte une confusion excessive au sein de notre nature. L'homme sensé désire le meilleur, mais il s'attend aussi au pire ; et il exerce les premières et les secondes en évitant l'excès. Ce n'est pas seulement, dit Épicure, « celui qui fait le moins de vœux pour que demain arrive, qui le voit venir avec le plus de plaisir »[57]. Savez-vous encore quels hommes la richesse, la gloire, la puissance, l'autorité réjouissent le plus vivement ? Ce sont ceux qui ne redoutaient pas les éléments contraires. En toute chose, quand le désir est trop violent, la crainte du mécompte est plus violente encore, et il en résulte de l'affaiblissement et de l'incertitude dans la jouissance. C'est comme une flamme agitée par le vent. Au contraire, celui que la sagesse rend capable de dire avec fermeté et sans peur à la Fortune :

J'accepte tes faveurs, et crains peu tes disgrâces[58],

celui-là jouit du présent avec d'autant plus de délices qu'il est plus rassuré et qu'il craint moins des pertes qui, selon lui, ne sont pas intolérables. On applaudit à la fermeté d'Anaxagore. Apprenant la mort de son fils, il s'écria : « Je savais bien que j'avais engendré un mortel. » C'est un exemple qu'il est permis, non seulement d'admirer, mais encore de suivre. Il est permis de se dire à l'occasion de chaque événement fâcheux : « Je sais que je possède une fortune éphémère et qui n'est rien moins que solide ; je sais qu'une charge peut m'être ravie par ceux qui me l'ont donnée ; je sais que ma femme est excellente, mais qu'elle est femme ; que mon ami est un homme, changeant par nature », comme dit Platon[59]. Quand on s'est ainsi préparé et disposé, l'on ne se trouve pas déconcerté par les événements ; ils arrivent alors sans qu'on l'ait voulu, mais non pas sans qu'on s'y attendît. On ne se permet pas un : « Je ne l'aurais pas cru ! » ou « J'espérais autre chose » ou « Ce n'est pas à cela que je m'attendais ! » On s'évite les battements de cœur, les palpitations. Le désordre et le trouble momentané de l'esprit retrouvent bien vite leur assiette.

Carnéade faisait remarquer que dans les affaires importantes c'est toujours l'imprévu qui cause de la douleur et du découragement[60]. Ainsi, le royaume de Macédoine était une puissance bien minime, comparé à l'étendue de l'empire romain ; ce qui n'empêcha pas Persée, lorsqu'il eut perdu la Macédoine, de gémir lui-même sur son malheureux destin et de passer aux yeux de tous comme le plus infortuné des hommes et le plus à plaindre. Au contraire, son vainqueur Paul-Émile, qui, abandonnant à un autre le pouvoir absolu de la terre et de la mer, se couronnait de fleurs et sacrifiait aux dieux, Paul-Émile était avec raison regardé comme un mortel fortuné. C'est que le consul savait qu'il n'avait reçu le pouvoir que pour le rendre, et le monarque le perdait sans s'y être attendu. Homère nous donne une agréable leçon de cet effet de l'imprévu. Ulysse a pleuré en voyant mourir son chien ; et assis à côté de sa femme qui verse des larmes, il n'a laissé voir aucune émotion du même genre. C'est qu'auprès de Pénélope il arrivait en homme que la raison a rendu maître de lui-même et qui est préparé d'avance, tandis qu'il ne s'attendait pas à revoir le pauvre Argos ; et la mort du fidèle animal fut un coup subit et imprévu qui le frappa[61].

17

En général les événements que nous ne désirons point sont de deux sortes. C'est par leur nature même que les uns nous affligent et nous abattent. Pour la plupart des autres, c'est l'opinion qui nous apprend par habitude à les prendre du mauvais côté. Il ne sera pas inutile, à ce propos, d'avoir toujours à l'esprit le vers de Ménandre[62] :

Ton mal n'en est pas un, si tu ne le crois pas.

Quelle atteinte, en effet, subissez-vous, du moment que votre chair, que votre âme ne sont pas entamées ? Je parle ici de l'obscurité de la naissance, de l'infidélité d'une femme ; je parle d'une couronne, ou d'une place d'honneur au spectacle. La privation même en fera-t-elle qu'un homme ne conserve pas son corps et son esprit en parfait état ? Quant aux événements qui paraissent être de nature à causer de la douleur, tels que les maladies, les fatigues, les pertes d'amis et d'enfants, à ces épreuves on opposera cet autre vers d'Euripide :

Hélas ! – Pourquoi hélas ? C'est le lot des mortels[63].

En effet, il n'est pas de considérations plus propres à raffermir une âme abattue et chancelante sous le poids de la passion, que celles qui nous remettent en mémoire la nécessité commune de notre nature. C'est uniquement par l'endroit où l'homme est uni au corps qu'il donne prise aux coups de la Fortune. Mais, dans les parties les plus importantes et les plus nobles de son être, il reste inébranlable. Démétrios, ayant pris la ville de Mégare, demanda à Stilpon si rien de ce qui lui appartenait n'avait été pillé : « Je n'ai jamais vu, répondit Stilpon, que personne emportât la science. » Oui : la fortune dût-elle piller et enlever tout le reste, nous avons en nous-mêmes un trésor

Que ne sauraient razzier ni saccager les Achéens[64].

Aussi ne devons-nous pas humilier notre condition et la rabaisser outre mesure, comme si elle n'avait en partage rien de fort et de durable, rien qui pût la placer au-dessus de la Fortune. Au contraire, sachons-le bien, c'est la moindre partie de l'homme que celle qui est caduque et périssable, que celle par où il prête le flanc aux coups de l'adversité. La meilleure partie de nous-mêmes, nous en sommes les maîtres. C'est celle en qui résident les biens les plus précieux, à savoir les croyances honnêtes, les sciences et les études qui ont pour fin la vertu. Voilà des biens essentiellement inaliénables et incorruptibles ; voilà des biens qui nous rendront invincibles et sûrs de nous en présence des épreuves à venir. Grâce à eux nous dirons à la

Fortune ce que Socrate, en ayant l'air de s'adresser à ses accusateurs Anytos et Mélètos, disait à ses juges : « Anytos et Mélètos peuvent bien me faire périr, mais ils ne sauraient me causer du tort[65]. » En effet, la Fortune peut bien susciter une maladie, ravir les biens, calomnier devant le peuple ou auprès d'un tyran. Mais faire un méchant, un lâche, un homme vil et sans cœur, un homme jaloux, de celui qui est vertueux, ferme et magnanime, elle n'y parviendra jamais. Elle ne saurait neutraliser ces heureuses dispositions dont l'influence est plus salutaire dans la conduite de la vie que n'est sur mer la science d'un pilote. En effet, il n'est pas possible à un pilote d'adoucir la violence des flots et des vents, pas plus que d'aborder où bon lui semble s'il lui faut un port, pas plus que de soutenir audacieusement et sans trembler l'effort de la tempête. Tant qu'il n'a pas désespéré, il emploie les manœuvres de son art.

Ayant cargué la voile au pied du mât,
Il tente de fuir les ténèbres de la mer[66].

Et quand l'océan le submerge, il s'assied tremblant et frissonnant. Mais la disposition d'esprit de l'homme sage assure même à son corps un calme parfait. Le plus souvent elle écarte de lui les assauts de maladie, grâce à la tempérance, à un régime sobre, à un travail modéré : et si du dehors pointe une épreuve, c'est comme une rafale de vent qui passe. Notre sage y échappe *en manœuvrant les vergues souples et longues,* comme dit Asclépiade[67]. Enfin, que ce même sage soit surpris par une attaque inattendue et furieuse, qu'il ne soit plus le maître, le havre n'est pas loin : il peut nager en abandonnant son corps, comme on quitte une chaloupe qui fait eau.

18

Conserver la vertu.

L'insensé est plus préoccupé de la crainte de la mort que du désir de vivre. Il y est cramponné comme Ulysse au figuier sauvage, quand il avait peur du gouffre de Charybde,

Où le vent ne permet ni de rester ni de voguer[68].

Dès lors la vie est odieuse à un tel homme, en même temps que la mort l'épouvante. Mais celui qui songe tant soit peu à la nature de l'âme, qui réfléchit que pour cette âme la mort est un état meilleur ou n'est pas un état plus mauvais, celui-là, grâce à ce mépris, a entre les mains un grand viatique de sérénité devant la vie, une assurance devant la mort. Quand on peut, en faisant prévaloir la vertu et la meilleure part de soi-même, vivre agréablement, et que d'un autre côté, en présence de maux étrangers à sa nature et qui l'excèdent, on se sent maître d'abandonner la place sans crainte, en disant :

Un dieu m'affranchira dès que je le voudrai[69],

dès lors, conçoit-on que rien de ce qui surviendra soit capable de nous contrarier, de nous aigrir ou de nous troubler ? L'homme qui a dit : « Je t'ai prévenu, ô destin ! et je suis à l'abri de toutes tes incursions[70] », cet homme fait reposer sa confiance, non pas sur des verrous, sur des clefs, sur des murailles, mais sur des raisons, sur des principes qui sont à la disposition de qui les veut consulter. Et il ne faut rien récuser ni refuser de croire parmi les choses de ce genre que l'on raconte, mais avec admiration, avec ardeur, avec enthousiasme, il faut s'apprécier personnellement, s'observer dans les épreuves mineures pour voir comment on se comportera dans les plus grandes, ne pas fuir, ne pas écarter de son âme l'application qu'il faut porter aux menues épreuves en se réfugiant dans la pensée que : « Peut-être n'y aura-t-il jamais rien de plus fâcheux. » Car la langueur et la pusillanimité ennemie de l'exercice naissent du laisser-aller de l'âme qui vaque toujours au plus simple, et se détourne des contrariétés pour suivre la pente naturelle du bon plaisir. Mais l'âme qui, méditant sur la pensée des maladies, des fatigues, de l'exil, se raffermit et se force elle-même à considérer chaque épreuve avec l'aide de la raison, verra qu'il y a beaucoup de fausseté, de vacuité, de caducité dans ce qui paraît si fâcheux et si redoutable. Du reste le raisonnement le démontre chaque fois.

19

Ne point redouter la mort.

Beaucoup de gens frémissent à ce vers de Ménandre[71] :

> *Tant qu'il est en vie, qui peut dire : ceci ne m'arrivera pas.*

Car ils ignorent quel puissant secours c'est, pour se garantir du découragement, que de s'exercer à regarder le Destin en face et les yeux bien ouverts, que de ne pas se créer en soi-même des imaginations peu aguerries et sans consistance, à l'instar de quelqu'un qui dans l'ombre se berce d'une foule d'espérances vaines, qui cèdent toujours et ne résistent à rien. Nous pouvons néanmoins répondre à Ménandre :

> *On ne peut dire de son vivant : ceci ne m'arrivera pas.*

Il est vrai. Mais on peut également dire :

« De ma vie je ne ferai telle ou telle chose ; de ma vie je ne mentirai, je ne commettrai de fourberie, je ne serai voleur, je n'intriguerai. » Voilà qui dépend de nous ; et c'est là non pas un médiocre, mais un très sûr moyen pour parvenir à la sérénité. Par un effet contraire,

Le sentiment de savoir qu'on a commis de graves erreurs[72]

laisse dans l'âme, comme une plaie dans la chair, un remords qui la rend toujours saignante et ulcérée. Les autres chagrins cèdent aux conseils du raisonnement, mais la douleur du remords, c'est le raisonnement même qui la fait naître, et il réalise dans l'âme un supplice par lequel elle devient son propre bourreau. Comme le frisson ou la chaleur des fièvres continues ou rémittentes est plus cuisant et plus douloureux que l'excès du froid ou du chaud résultant d'une cause extérieure, ainsi les coups de la Fortune causent des peines plus légères à supporter, attendu qu'ils viennent du dehors. La formule[73] :

Je ne dois ce malheur à d'autres qu'à moi-même,

proférée comme un thrène à propos des fautes qu'on a commises intérieurement, rend plus pénible encore le sentiment de honte que l'on éprouve. C'est pourquoi ni la richesse patrimoniale, ni les monceaux d'or, ni l'illustration de la race, ni l'étendue du pouvoir, ni la grâce ou la force de l'éloquence, ne sauraient assurer à la vie une sérénité et un calme aussi complets que ne le lui garantit une âme pure de mauvaises actions et de desseins pervers, une âme alimentée par des mœurs irréprochables et pures comme par une source limpide d'où découlent les actes les plus honnêtes, une âme dans laquelle un enthousiasme généreux fait naître en même temps que la joie une fierté légitime, une âme enfin pleine de souvenirs plus délicieux et plus durables que ne sauraient l'être les illusions de l'espérance, cette *nourrice de la vieillesse*, selon l'expression de Pindare[74]. Car n'allez pas penser que si *les encensoirs*, comme l'a dit Carnéade[75], *même une fois vidés exhalent longtemps après leur fragrance*, les belles actions disparaissent sans laisser dans l'âme du sage des pensées toujours agréables et vivaces, par lesquelles la joie s'avive et s'épanouit, et qui lui font mépriser ceux qui se répandent en plaintes et en injures contre la vie, et qui disent que ce monde est un séjour de misères, un lieu d'exil où leurs âmes ont été reléguées !

20

Le monde est un temple, et la vie est une fête perpétuelle pour l'homme de bien.

J'admire aussi ce mot de Diogène. Étant à Lacédémone il voyait son hôte qui se préparait à une certaine fête avec le plus vif empressement : « Est-ce que pour l'homme de bien, dit-il, tous les jours ne sont pas des jours de fête ? » À quoi j'ajoute : « et de fête splendide, si nous sommes vertueux ». Car le monde est un temple souverainement auguste et digne de la majesté d'un dieu. L'homme y est introduit par sa naissance, pour y contempler non pas des statues immobiles et faites de la main des hommes, mais bien ces images sensibles des essences purement intelligibles, comme les appelle Platon[76], ces images que l'Intelligence divine présente à nos regards et qui ont en elles leur principe de vie et de mouvement. J'entends par là le soleil, la lune, les astres, les fleuves, qui épanchent constamment des eaux nouvelles, enfin la terre dont la surface fournit aux végétaux et aux animaux toute sorte de nourriture. Une vie qui est initiation à ces mystères et révélation parfaite doit être pleine d'une joie recueillie. Ce ne sont pas là de ces fêtes en l'honneur de Cronos, de ces Diasies[77], de ces Panathénées et autres, que le vulgaire attend avec impatience pour s'égayer et se divertir, de ces fêtes où des mimes et des danseurs nous font rire à prix d'argent. Et toutefois à ces fêtes nous assistons avec recueillement et avec décence : nul ne pleure pendant l'initiation, nul ne se lamente en voyant les Jeux Pythiques, ou en jeûnant aux Saturnales. Qu'il en est autrement pour les fêtes où la divinité nous convie et où elle nous initie ! On les profane presque constamment par les lamentations, le désespoir et de pénibles soucis. Les hommes aiment à entendre le son harmonieux des instruments et le ramage des oiseaux, à voir les animaux s'ébattre joyeusement et bondir ; au contraire, les bêtes féroces qui hurlent, qui rugissent, qui présentent une gueule menaçante, leur inspirent de la répulsion ; et d'un autre côté, quand ils contemplent leur propre existence assombrie, morne, toujours accablée et oppressée par les impressions désagréables, les embarras, les soucis infinis, ils ne cherchent pas même à se ménager quelques instants de repos et de calme, mais si d'autres les y invitent, ils n'acceptent pas de leur bouche la voix de la raison. Et cependant, s'ils savaient mettre à profit de semblables paroles, ils s'accommoderaient sans reproche de notre situation présente, ils conserveraient un souvenir agréable du passé et l'avenir se présenterait à eux avec les couleurs propices et brillantes de l'espérance ; enfin, ils vivraient exempts de craintes et d'inquiétudes.

Notes

1. Fundanus appartient à l'ordre sénatorial. Il est disciple de Musonius et ami de Plutarque.

2. Euripide, *Fragments*, 778 (Nauck). Litt. « mis hors de ton état naturel ».

3. Chaussure montante qui distinguait les citoyens des esclaves. Elle finit par être réservée aux sénateurs. L'anneau est l'insigne des chevaliers, le diadème, attribut royal.

4. Xénophon, *Cyropédie*, I, 6, 3.

5. Euripide, *Oreste*, 258.

6. Hésiode, *Les Travaux et les jours*, 519.

7. Homère, *Odyssée*, I, 191-192.

8. Homère, *Iliade*, I, 488 sq.

9. Homère, *Iliade*, XVIII, 104.

10. Épicure, *Fragments*, 555 (éd. Usener).

11. Ménandre, *Fragments*, 1 (éd. Foerte) de la comédie du *Cithariste*. Voir Sénèque, *Lettres à Lucilius*, 115, 17.

12. Euripide, *Oreste*, 232.

13. Ion, *Fragments*, 56 (éd. Nauck).

14. Litt. « le mélange divers (des humeurs) s'est produit ».

15. Comme le rappelle Diogène Laërce (IX, 61), Anaxarque accompagna Alexandre dans ses expéditions ; il partit notamment pour l'Inde.

16. La citation précédente est d'Homère, *Iliade*, X, 88-89. Sur Diogène de Sinope mis à l'encan, voir Sénèque, *Tranquillité de l'âme*, VIII, 4-5 ; Cicéron, *Tusculanes*, V, 92.

17. Voir tout le *Phédon* de Platon.

18. Voir Cicéron, *Tusculanes,* I, 71 et Sénèque, *Lettres à Lucilius,* 24, 4.

19. Euripide, *Fragments,* 287 (Nauck).

20. Platon, *République,* 604c.

21. Pindare, *Néméennes,* IV, 4. Pindare loue l'échauffement musculaire avant l'effort.

22. Euripide, *Bacchantes,* 66.

23. Voir les détails de cette infortune dans la *Lettre VII* de Platon. La métaphore de la tempête est bien connue de la secte stoïcienne : voir Sénèque, *Tranquillité de l'âme,* II, 1.

24. La pauvreté d'Épaminondas était proverbiale, ainsi que celle de Fabricius (voir Plutarque, *Pélopidas,* III et Cicéron, *Tusculanes,* III, 56).

25. Plutarque, *Alcibiade,* 23, 7.

26. Allusion aux cyniques à qui l'on reprochait d'être mordants et sans pudeur comme les chiens.

27. Sophocle, *Fragments,* 770 (Nauck).

28. *Fr. com. adesp.,* 359 (Kock).

29. Aristippe de Cyrène, disciple de Socrate.

30. Archiloque, *Fragments,* 15.

31. Simonide de Céos, *Fragments,* 4 (Diehl, 37).

32. Hérodote, *Enquête,* 7, 21.

33. Xerxès fit décapiter les ingénieurs après la destruction du pont par la tempête. Cf. Hérodote, *Enquête,* 7, 34.

34. Ménandre, *Fragments,* 251, v. 4-7 (éd. Koerte).

35. Homère, *Iliade,* III, 182.

36. Homère, *Iliade,* II, 111.

37. Euripide, *Iphigénie à Aulis,* 16-18.

38. Homère, *Iliade,* XVIII, 105-106.

39. *Ibid.*

40. D'abord Plutarque vise ceux que Sénèque nomme les *occupati,* c'est-à-dire les hommes affairés qui placent leur énergie dans une activité non nécessaire. Mieux vaut une inaction absolue plutôt qu'une dépense irraisonnée, mieux vaut un *otium,* une retraite méditative. Pétrarque s'inspirera de ces deux types de vie en

brossant dans son volumineux *De uita solitaria*, rédigé dans le Vaucluse en 1347, un portrait en miroir de l'*otiosus* et de l'*occupatus*. Mais Pétrarque, dont la pensée est plus augustinienne que sénéquienne ou plutarquienne, n'obéit pas exactement aux mêmes présupposés que son modèle indirect. Que sous-entend Plutarque dans cette défense du loisir privé et lettré ? Pas vraiment une activité ralentie pour ces retraités de la vie civique dont parle Cicéron dans *la Vieillesse*. On sait qu'il était de bon ton, quand l'âge vous prenait, de quitter le forum et d'aller rejoindre sa *familia rustica* : l'heureux impétrant de cette vie de repos s'adonnait à la généalogie ou écrivait un livre de cuisine à défaut de pouvoir faire des vers. Non ! Malgré l'âge de Paccius, qui semble être un homme mûr, Plutarque ne lui souhaite pas un enterrement de la pensée ; une nouvelle vie commence pour lui et se fonde sur un total réapprentissage : Paccius doit prendre conscience qu'en laissant filer le temps il s'échappe à lui-même. Face à cette mouvance inexorable monte comme une bouffée d'angoisse. Le dilemme n'est pas que la vie, cette peau de chagrin, rapetisse à chaque instant, mais bien que tout constat de fugacité s'accompagne d'une perte d'être. Le temps n'appartient pas à autrui, et le philosophe n'a cure de savoir si Untel a su gérer son temps ; la vraie difficulté est singulière, personnelle : elle définit presque un *égotisme du temps*, une façon d'en envisager le cours en créant pour soi-même une multitude d'exercices, de prises de conscience, au fur et à mesure de son avancée. Ce discours n'est pas tout à fait neuf. Sénèque nous y avait habitués dans la *Brièveté de la vie*. La question posée y était quasiment anthropologique : qui est le mieux placé dans une société pour conserver le temps ? Flaubert ou Mallarmé eussent répondu que les romanciers et les poètes sont les plus aptes à cristalliser le devenir. Sénèque croyait, stoïcisme oblige, au rôle du philosophe, et donnait une réponse d'apparence fort simple : on échappe au temps en se hissant à son niveau. Premièrement, il faut cesser de consacrer sa vie à des vétilles, de brûler la chandelle par les deux bouts en œuvrant à des activités qui ne laissent dans la bouche qu'un goût de cendres, d'aimer le monde et la mode, de se vouer à des tâches caduques et répétitives, bref, de faire de sa vie un tonneau sans fond (c'est justement le dérisoire supplice infernal auquel on condamne Claude dans l'*Apocoloquintose* du même Sénèque : il joue aux dés dans un gobelet percé).

41. Voir Plutarque, *De esu. carnium*, 995[E]. Clément d'Alexandrie attribue cette maxime au médecin Androcyde (*Stromates*, VII, 33, 7).

42. Pindare, *Fragments*, 234 (éd. Snell).

43. Homère, *Odyssée*, VI, 130.

44. On veut être tout et son contraire. Mais le stoïcien est celui qui a habitué les « neurones » de son âme aux mêmes « courants », aux mêmes impulsions qui auront suffisamment de puissance pour contrecarrer l'anarchie de ces attirances multiples.

45. Poète alexandrin.

46. Solon, *Fragments*, 10-12 (éd. Diehl).

47. Certains préfèrent à l'huile dont on s'oint le corps avant l'exercice, à la palestre, l'eau du bain que l'on prend, une fois l'entraînement terminé.

48. Aristote, *Fragments*, 664 (éd. Rose).

49. Pindare, *Isthmiques*, I, 48.

50. Hésiode, *Les Travaux et les jours*, 25.

51. C'est-à-dire « cimetière des scarabées ».

52. Euripide, *Fragments*, 369 (Nauck).

53. Ménandre, *Fragments*, 714 (Koerte).

54. Il y a, comme dit Empédocle, des Moires et Démons qui président à notre naissance. Voir Cornutus, *De la nature des dieux*, 17. Ici, Chtonié et Héliope signifient étymologiquement « la femme de Terre » et « la femme du rayon du Soleil, à la vue perçante ».

55. Autre nom de la Discorde.

56. Diels-Kranz, I, 360-361, *fr.* 22.

57. Usener, *Epicurea*, 307, fr. 90.

58. Litt. « Si tu m'apportes en arrivant de la joie, tu me laisses en partant du chagrin ». Peut-être attribuable à Callimaque, *frag. Anonyme* 371 (éd. Schneider).

59. Platon, *Lettres*, 360d.

60. Le philosophe stoïcien doit s'attendre à tout de la Fortune : c'est la meilleure manière d'en avoir raison. Dans un sens contraire, il ne doit pas répugner à saisir l'occasion heureuse, l'*eukairia*. Enfin, et telle est la pensée de Panétius, il doit avoir l'âme « toujours prête et tendue comme celle des athlètes pendant les combats de boxe » (*Fragments*, 116, éd. Van Straaten), afin de ne rien laisser échapper par distraction. Naturellement, on pourrait imaginer qu'un tel discours soit tenu par n'importe qui d'autre qu'un représentant du Stoa ; la tragédie grecque place quelquefois dans la bouche du chœur des raisonnements de ce type : au lieu de se disperser au long d'un passé aboli, d'un présent insaisissable et d'un futur incertain, le stoïcien s'évertue à *présentifier* chaque moment du temps en lui donnant un sens et en se ressaisissant soi-même. Mais Plutarque ajoute à ce bon sens gnomique un paradoxe qui est bien à lui : ce ne sont pas les « occupés » rongés par l'activité qui prennent conscience de la fugacité, ce sont les vrais oisifs : ils confèrent à leur vie un sens qui, dépassant la caducité, la remplit et la planifie.

61. Homère, *Odyssée*, XVII, 302-304 et XIX, 209-212.

62. Ménandre, *Epitrepontes*, fr. 9 (Koerte).

63. Euripide, fragment du *Bellérophon*, 300 (Nauck).

64. Vers adapté de l'*Iliade*, V, 484.

65. Platon, *Apologie*, 30 C-D.

66. Nauck, *Adesp.*, 377.

67. Poète alexandrin.

68. Eschyle, fragment de *Philoctète*, 250 (Nauck).

69. Euripide, *Bacchantes*, 498.

70. Métrodore de Lampsaque, *fr.* 49 (éd. Koerte). Voir Cicéron, *Tusculanes*, V, 26-27.

71. Ménandre, *Fragments*, 295, v. 1 (éd. Koerte). Cité par Stobée, 4, 10005, 4H.

72. Vers de l'*Oreste* (396) d'Euripide.

73. Vers altéré de l'*Iliade*, I, 135 ou de l'*Odyssée*, I, 33.

74. Pindare, *Fragments*, 256 (éd. Turyn).

75. Voir Platon, *Protagoras*, 214 a-b.

76. Platon, *Timée*, 92c ; *Epinomis*, 984a.

77. Fêtes en l'honneur de Zeus Meilichos, qui amène le radoucissement du climat. Elles se situent au début de mars, en dehors de la ville.

Table

Rivages poche /Petite Bibliothèque
Collection dirigée par Lidia Breda

Giorgio Agamben
Stanze (n° 257)

Anonyme chinois
Les Trente-Six Stratagèmes (n° 152)

Apulée
Le Démon de Socrate (n° 110)

Hannah Arendt
Considérations morales (n° 181)
Le Concept d'amour chez Augustin (n° 288)

L'Arétin
Sonnets luxurieux (n° 192)

Aristote
L'Homme de génie et la Mélancolie (n° 39)
Rhétorique-Des passions (n° 40)
Éthique à Eudème (n° 129)
La Vérité des songes (n° 162)

Marc Augé
L'Impossible Voyage (n° 214)
Les Formes de l'oubli (n° 333)

Augustin
La Vie heureuse (n° 261)

Barbey d'Aurevilly
Du dandysme et de George Brummell (n° 233)

Bruce Benderson
Pour un nouvel art dégénéré (n° 259)
Sexe et solitude (n° 335)

Walter Benjamin
Je déballe ma bibliothèque (n° 320)

Boèce
Consolation de la Philosophie (n° 58)

Georg Büchner
Lenz (n° 244)

Casanova
Mon apprentissage à Paris (n° 252)

Madame du Châtelet
Discours sur le bonheur (n° 221)

Chesterfield
Lettres à son fils (n° 99)

Claude Crébillon
*Lettres de la Marquise de M*** au Comte de R**** (n° 322)

Christine de Suède
Maximes (n° 200)

Tullia d'Aragona
De l'infinité d'amour (n° 210)

Thérèse d'Avila
Le Château intérieur (n° 248)

Madame du Deffand
Lettres à Voltaire (n° 139)

Erri De Luca
Un nuage comme tapis (n° 176)
Rez-de-chaussée (n° 191)

Maître Eckhart
Du détachement (n° 143)

Umberto Eco - Cardinal Martini
Croire en quoi ? (n° 238)

Ralph Waldo Emerson
La Confiance en soi (n° 310)

Épictète
Manuel (n° 132)

Euripide - Sénèque
Médée (n° 211)

Ennio Flaiano
Journal des erreurs (n° 275)

Sigmund Freud - Stefan Zweig
Correspondance (n° 166)

Witold Gombrowicz
Cours de philosophie en six heures un quart (n° 171)

Baltasar Gracián
L'Art de la prudence (n° 116)
Hésiode
Théogonie, la naissance des dieux (n° 83)
Hippocrate
Sur le rire et la folie (n° 49)
Airs, eaux, lieux (n° 174)
Hugo von Hofmannsthal
Lettre de Lord Chandos (n° 312)
Jahiz
Éphèbes et courtisanes (n° 231)
Jean
Apocalypse (n° 165)
Évangile (n° 321)
Jean Chrysostome
De l'incompréhensibilité de Dieu (n° 317)
Jean Paul
Être là dans l'existence (n° 239)
Hans Jonas
Le Concept de Dieu après Auschwitz (n° 123)
Le Droit de mourir (n° 196)
Pour une éthique du futur (n° 235)
Franz kafka
Réflexions sur le péché, la souffrance, l'espérance et le vrai chemin (n° 334)
Stephen Karcher
Yi king (n° 247)
Søren Kierkegaard
Johannes Climacus, ou *Il faut douter de tout* (n° 223)
Crainte et tremblement (n° 291)
Pierre Klossowski
La Monnaie vivante (n° 230)
Karl Kraus
La Littérature démolie (n° 92)
Cette grande époque (n° 294)
Madame de Lambert
De l'amitié (n° 268)
Stanislaw Jerzy Lec
Nouvelles pensées échevelées (n° 306)

Georg Simmel
Philosophie de l'amour (n° 55)
La Tragédie de la culture (n° 86)
Michel-Ange et Rodin (n° 180)
Madame de Staël
De l'influence des passions (n° 299)
Italo Svevo
Dernières cigarettes (n° 311)
Chantal Thomas
Comment supporter sa liberté (n° 297)
Marina Tsvétaïéva
Après la Russie (n° 89)
Janwillem Van de Wetering
Un éclair d'éternité (n° 278)
Le Miroir vide (n° 310)
Xénophon
L'Économique (n° 145)
Jacques-Gilbert Ymbert
L'Art de faire des dettes (n° 193)
Yogīndu
Lumière de l'Absolu (n° 281)

Achevé d'imprimer sur rotative
par l'imprimerie Darantiere à Dijon-Quetigny
en février 2001

Dépôt légal : février 2001
N° d'impression : 21-0126